全国普法学习读本

★★★★★

职业防护法律法规学习读本

职业健康综合法律法规

王金锋　主编

加大全民普法力度，建设社会主义法治文化，树立宪法法律至上、法律面前人人平等的法治理念。

——中国共产党第十九次全国代表大会《决胜全面建成小康社会 夺取新时代中国特色社会主义伟大胜利》

汕头大学出版社

图书在版编目（CIP）数据

职业健康综合法律法规 / 王金锋主编. -- 汕头：汕头大学出版社（2021.7重印）

（职业防护法律法规学习读本）

ISBN 978-7-5658-2948-2

Ⅰ. ①职… Ⅱ. ①王… Ⅲ. ①劳动卫生-卫生法-中国-学习参考资料 Ⅳ. ①D922.544

中国版本图书馆 CIP 数据核字（2018）第 035706 号

职业健康综合法律法规　ZHIYE JIANKANG ZONGHE FALÜ FAGUI

主　　编：	王金锋
责任编辑：	邹　峰
责任技编：	黄东生
封面设计：	大华文苑
出版发行：	汕头大学出版社
	广东省汕头市大学路 243 号汕头大学校园内　邮政编码：515063
电　　话：	0754-82904613
印　　刷：	三河市南阳印刷有限公司
开　　本：	690mm×960mm 1/16
印　　张：	18
字　　数：	226 千字
版　　次：	2018 年 5 月第 1 版
印　　次：	2021 年 7 月第 2 次印刷
定　　价：	59.60 元（全 2 册）

ISBN 978-7-5658-2948-2

版权所有，翻版必究

如发现印装质量问题，请与承印厂联系退换

前　言

习近平总书记指出："推进全民守法，必须着力增强全民法治观念。要坚持把全民普法和守法作为依法治国的长期基础性工作，采取有力措施加强法制宣传教育。要坚持法治教育从娃娃抓起，把法治教育纳入国民教育体系和精神文明创建内容，由易到难、循序渐进不断增强青少年的规则意识。要健全公民和组织守法信用记录，完善守法诚信褒奖机制和违法失信行为惩戒机制，形成守法光荣、违法可耻的社会氛围，使遵法守法成为全体人民共同追求和自觉行动。"

中共中央、国务院曾经转发了中央宣传部、司法部关于在公民中开展法治宣传教育的规划，并发出通知，要求各地区各部门结合实际认真贯彻执行。通知指出，全民普法和守法是依法治国的长期基础性工作。深入开展法治宣传教育，是全面建成小康社会和新农村的重要保障。

普法规划指出：各地区各部门要根据实际需要，从不同群体的特点出发，因地制宜开展有特色的法治宣传教育坚持集中法治宣传教育与经常性法治宣传教育相结合，深化法律进机关、进乡村、进社区、进学校、进企业、进单位的"法律六进"主题活动，完善工作标准，建立长效机制。

特别是农业、农村和农民问题，始终是关系党和人民事业发展的全局性和根本性问题。党中央、国务院发布的《关于推进社会主义新农村建设的若干意见》中明确提出要"加强农村法制建设，深入开展农村普法教育，增强农民的法制观念，提高农民依法行使权利和履行义务的自觉性。"多年普法实践证明，普及法律知识，提高法制观念，增强全社会依法办事意识具有重要作用。特别是在广大农村进行普法教育，是提高全民法律素质的需要。

多年来，我国在农村实行的改革开放取得了极大成功，农村发生了翻天覆地的变化，广大农民生活水平大大得到了提高。但是，由于历史和社会等原因，现阶段我国一些地区农民文化素质还不高，不学法、不懂法、不守法现象虽然较原来有所改变，但仍有相当一部分群众的法制观念仍很淡化，不懂、不愿借助法律来保护自身权益，这就极易受到不法的侵害，或极易进行违法犯罪活动，严重阻碍了全面建成小康社会和新农村步伐。

为此，根据党和政府的指示精神以及普法规划，特别是根据广大农村农民的现状，在有关部门和专家的指导下，特别编辑了这套《全国普法学习读本》。主要包括了广大人民群众应知应懂、实际实用的法律法规。为了辅导学习，附录还收入了相应法律法规的条例准则、实施细则、解读解答、案例分析等；同时为了突出法律法规的实际实用特点，兼顾地方性和特殊性，附录还收入了部分某些地方性法律法规以及非法律法规的政策文件、管理制度、应用表格等内容，拓展了本书的知识范围，使法律法规更"接地气"，便于读者学习掌握和实际应用。

在众多法律法规中，我们通过甄别，淘汰了废止的，精选了最新的、权威的和全面的。但有部分法律法规有些条款不适应当下情况了，却没有颁布新的，我们又不能擅自改动，只得保留原有条款，但附录却有相应的补充修改意见或通知等。众多法律法规根据不同内容和受众特点，经过归类组合，优化配套。整套普法读本非常全面系统，具有很强的学习性、实用性和指导性，非常适合用于广大农村和城乡普法学习教育与实践指导。总之，是全国全民普法的良好读本。

目 录

中华人民共和国职业病防治法

第一章　总　则…………………………………………（2）
第二章　前期预防………………………………………（4）
第三章　劳动过程中的防护与管理……………………（6）
第四章　职业病诊断与职业病病人保障………………（13）
第五章　监督检查………………………………………（17）
第六章　法律责任………………………………………（19）
第七章　附　则…………………………………………（25）
附　录
　　国家职业病防治规划（2016—2020 年）……………（26）
　　职业病危害项目申报办法……………………………（36）
　　1981 年《职业安全和卫生及工作环境公约》………（39）
　　建设项目职业病防护设施"三同时"监督管理办法…（48）
　　关于发布《职业性外照射急性放射病诊断》等 10 项
　　　卫生标准的通告……………………………………（64）

职业病诊断与鉴定管理办法

第一章　总　则…………………………………………（66）
第二章　诊断机构………………………………………（67）
第三章　诊　断…………………………………………（69）
第四章　鉴　定…………………………………………（73）
第五章　监督管理………………………………………（77）
第六章　法律责任………………………………………（77）
第七章　附　则…………………………………………（78）

附 录
    用人单位职业病危害因素定期检测管理规范 …………… (79)
    劳动能力鉴定职工工伤与职业病致残等级 ……………… (85)

职业健康检查管理办法

第一章　总　　则……………………………………………… (115)
第二章　职业健康检查机构…………………………………… (116)
第三章　职业健康检查规范…………………………………… (117)
第四章　监督管理……………………………………………… (119)
第五章　法律责任……………………………………………… (120)
第六章　附　　则……………………………………………… (121)
附　录
    国家安全监管总局关于推进安全生产与职业健康一体化
    监管执法的指导意见………………………………………… (122)

用人单位职业健康监护监督管理办法

第一章　总　　则……………………………………………… (126)
第二章　用人单位的职责……………………………………… (127)
第三章　监督管理……………………………………………… (130)
第四章　法律责任……………………………………………… (131)
第五章　附　　则……………………………………………… (132)

健康体检管理暂行规定

第一章　总　　则……………………………………………… (133)
第二章　执业条件和许可……………………………………… (134)
第三章　执业规则……………………………………………… (134)
第四章　外出健康体检………………………………………… (136)
第五章　监督管理……………………………………………… (137)
第六章　附　　则……………………………………………… (138)

中华人民共和国职业病防治法

中华人民共和国主席令
第八十一号

《全国人民代表大会常务委员会关于修改〈中华人民共和国会计法〉等十一部法律的决定》已由中华人民共和国第十二届全国人民代表大会常务委员会第三十次会议于2017年11月4日通过，现予公布，自2017年11月5日起施行。

中华人民共和国主席　习近平
2017年11月4日

（2011年10月27日第九届全国人民代表大会常务委员会第二十四次会议通过；根据2011年12月31日第十一届全国人民代表大会常务委员会第二十四次会议《关于修改〈中华人民共和国职业病防治法〉的决定》修正；根据2016年7月2日第十二届全国人民代表大会常务委员会第二十一次会议通过关于修改《中华人民共

和国职业病防治法》等六部法律的决定修正;根据2017年11月4日中华人民共和国第十二届全国人民代表大会常务委员会第三十次会议通过的《全国人民代表大会常务委员会关于修改〈中华人民共和国会计法〉等十一部法律的决定》修正)

第一章 总 则

第一条 为了预防、控制和消除职业病危害,防治职业病,保护劳动者健康及其相关权益,促进经济社会发展,根据宪法,制定本法。

第二条 本法适用于中华人民共和国领域内的职业病防治活动。

本法所称职业病,是指企业、事业单位和个体经济组织等用人单位的劳动者在职业活动中,因接触粉尘、放射性物质和其他有毒、有害因素而引起的疾病。

职业病的分类和目录由国务院卫生行政部门会同国务院安全生产监督管理部门、劳动保障行政部门制定、调整并公布。

第三条 职业病防治工作坚持预防为主、防治结合的方针,建立用人单位负责、行政机关监管、行业自律、职工参与和社会监督的机制,实行分类管理、综合治理。

第四条 劳动者依法享有职业卫生保护的权利。

用人单位应当为劳动者创造符合国家职业卫生标准和卫生要求的工作环境和条件,并采取措施保障劳动者获得职业卫生保护。

工会组织依法对职业病防治工作进行监督,维护劳动者的合法权益。用人单位制定或者修改有关职业病防治的规章制度,应当听取工会组织的意见。

第五条 用人单位应当建立、健全职业病防治责任制，加强对职业病防治的管理，提高职业病防治水平，对本单位产生的职业病危害承担责任。

第六条 用人单位的主要负责人对本单位的职业病防治工作全面负责。

第七条 用人单位必须依法参加工伤保险。

国务院和县级以上地方人民政府劳动保障行政部门应当加强对工伤保险的监督管理，确保劳动者依法享受工伤保险待遇。

第八条 国家鼓励和支持研制、开发、推广、应用有利于职业病防治和保护劳动者健康的新技术、新工艺、新设备、新材料，加强对职业病的机理和发生规律的基础研究，提高职业病防治科学技术水平；积极采用有效的职业病防治技术、工艺、设备、材料；限制使用或者淘汰职业病危害严重的技术、工艺、设备、材料。

国家鼓励和支持职业病医疗康复机构的建设。

第九条 国家实行职业卫生监督制度。

国务院安全生产监督管理部门、卫生行政部门、劳动保障行政部门依照本法和国务院确定的职责，负责全国职业病防治的监督管理工作。国务院有关部门在各自的职责范围内负责职业病防治的有关监督管理工作。

县级以上地方人民政府安全生产监督管理部门、卫生行政部门、劳动保障行政部门依据各自职责，负责本行政区域内职业病防治的监督管理工作。县级以上地方人民政府有关部门在各自的职责范围内负责职业病防治的有关监督管理工作。

县级以上人民政府安全生产监督管理部门、卫生行政部门、劳动保障行政部门（以下统称职业卫生监督管理部门）应当加强沟通，密切配合，按照各自职责分工，依法行使职权，承担责任。

第十条 国务院和县级以上地方人民政府应当制定职业病防治规划，将其纳入国民经济和社会发展计划，并组织实施。

县级以上地方人民政府统一负责、领导、组织、协调本行政区域的职业病防治工作，建立健全职业病防治工作体制、机制，统一领导、指挥职业卫生突发事件应对工作；加强职业病防治能力建设和服务体系建设，完善、落实职业病防治工作责任制。

乡、民族乡、镇的人民政府应当认真执行本法，支持职业卫生监督管理部门依法履行职责。

第十一条 县级以上人民政府职业卫生监督管理部门应当加强对职业病防治的宣传教育，普及职业病防治的知识，增强用人单位的职业病防治观念，提高劳动者的职业健康意识、自我保护意识和行使职业卫生保护权利的能力。

第十二条 有关防治职业病的国家职业卫生标准，由国务院卫生行政部门组织制定并公布。

国务院卫生行政部门应当组织开展重点职业病监测和专项调查，对职业健康风险进行评估，为制定职业卫生标准和职业病防治政策提供科学依据。

县级以上地方人民政府卫生行政部门应当定期对本行政区域的职业病防治情况进行统计和调查分析。

第十三条 任何单位和个人有权对违反本法的行为进行检举和控告。有关部门收到相关的检举和控告后，应当及时处理。

对防治职业病成绩显著的单位和个人，给予奖励。

第二章　前期预防

第十四条 用人单位应当依照法律、法规要求，严格遵守国家职业卫生标准，落实职业病预防措施，从源头上控制和消除职业病危害。

第十五条 产生职业病危害的用人单位的设立除应当符合法律、行政法规规定的设立条件外，其工作场所还应当符合下列职业卫生要求：

（一）职业病危害因素的强度或者浓度符合国家职业卫生标准；

（二）有与职业病危害防护相适应的设施；

（三）生产布局合理，符合有害与无害作业分开的原则；

（四）有配套的更衣间、洗浴间、孕妇休息间等卫生设施；

（五）设备、工具、用具等设施符合保护劳动者生理、心理健康的要求；

（六）法律、行政法规和国务院卫生行政部门、安全生产监督管理部门关于保护劳动者健康的其他要求。

第十六条 国家建立职业病危害项目申报制度。

用人单位工作场所存在职业病目录所列职业病的危害因素的，应当及时、如实向所在地安全生产监督管理部门申报危害项目，接受监督。

职业病危害因素分类目录由国务院卫生行政部门会同国务院安全生产监督管理部门制定、调整并公布。职业病危害项目申报的具体办法由国务院安全生产监督管理部门制定。

第十七条 新建、扩建、改建建设项目和技术改造、技术引进项目（以下统称建设项目）可能产生职业病危害的，建设单位在可行性论证阶段应当进行职业病危害预评价。

医疗机构建设项目可能产生放射性职业病危害的，建设单位应当向卫生行政部门提交放射性职业病危害预评价报告。卫生行政部门应当自收到预评价报告之日起三十日内，作出审核决定并书面通知建设单位。未提交预评价报告或者预评价报告未经卫生行政部门审核同意的，不得开工建设。

职业病危害预评价报告应当对建设项目可能产生的职业病危害因素及其对工作场所和劳动者健康的影响作出评价，确定危害类别和职业病防护措施。

建设项目职业病危害分类管理办法由国务院安全生产监督管理部门制定。

第十八条　建设项目的职业病防护设施所需费用应当纳入建设项目工程预算，并与主体工程同时设计，同时施工，同时投入生产和使用。

建设项目的职业病防护设施设计应当符合国家职业卫生标准和卫生要求；其中，医疗机构放射性职业病危害严重的建设项目的防护设施设计，应当经卫生行政部门审查同意后，方可施工。

建设项目在竣工验收前，建设单位应当进行职业病危害控制效果评价。

医疗机构可能产生放射性职业病危害的建设项目竣工验收时，其放射性职业病防护设施经卫生行政部门验收合格后，方可投入使用；其他建设项目的职业病防护设施应当由建设单位负责依法组织验收，验收合格后，方可投入生产和使用。安全生产监督管理部门应当加强对建设单位组织的验收活动和验收结果的监督核查。

第十九条　国家对从事放射性、高毒、高危粉尘等作业实行特殊管理。具体管理办法由国务院制定。

第三章　劳动过程中的防护与管理

第二十条　用人单位应当采取下列职业病防治管理措施：

（一）设置或者指定职业卫生管理机构或者组织，配备专职或者兼职的职业卫生管理人员，负责本单位的职业病防治工作；

（二）制定职业病防治计划和实施方案；

（三）建立、健全职业卫生管理制度和操作规程；

（四）建立、健全职业卫生档案和劳动者健康监护档案；

（五）建立、健全工作场所职业病危害因素监测及评价制度；

（六）建立、健全职业病危害事故应急救援预案。

第二十一条 用人单位应当保障职业病防治所需的资金投入，不得挤占、挪用，并对因资金投入不足导致的后果承担责任。

第二十二条 用人单位必须采用有效的职业病防护设施，并为劳动者提供个人使用的职业病防护用品。

用人单位为劳动者个人提供的职业病防护用品必须符合防治职业病的要求；不符合要求的，不得使用。

第二十三条 用人单位应当优先采用有利于防治职业病和保护劳动者健康的新技术、新工艺、新设备、新材料，逐步替代职业病危害严重的技术、工艺、设备、材料。

第二十四条 产生职业病危害的用人单位，应当在醒目位置设置公告栏，公布有关职业病防治的规章制度、操作规程、职业病危害事故应急救援措施和工作场所职业病危害因素检测结果。

对产生严重职业病危害的作业岗位，应当在其醒目位置，设置警示标识和中文警示说明。警示说明应当载明产生职业病危害的种类、后果、预防以及应急救治措施等内容。

第二十五条 对可能发生急性职业损伤的有毒、有害工作场所，用人单位应当设置报警装置，配置现场急救用品、冲洗设备、应急撤离通道和必要的泄险区。

对放射工作场所和放射性同位素的运输、贮存，用人单位必须配置防护设备和报警装置，保证接触放射线的工作人员佩戴个人剂量计。

对职业病防护设备、应急救援设施和个人使用的职业病防护用品,用人单位应当进行经常性的维护、检修,定期检测其性能和效果,确保其处于正常状态,不得擅自拆除或者停止使用。

第二十六条 用人单位应当实施由专人负责的职业病危害因素日常监测,并确保监测系统处于正常运行状态。

用人单位应当按照国务院安全生产监督管理部门的规定,定期对工作场所进行职业病危害因素检测、评价。检测、评价结果存入用人单位职业卫生档案,定期向所在地安全生产监督管理部门报告并向劳动者公布。

职业病危害因素检测、评价由依法设立的取得国务院安全生产监督管理部门或者设区的市级以上地方人民政府安全生产监督管理部门按照职责分工给予资质认可的职业卫生技术服务机构进行。职业卫生技术服务机构所作检测、评价应当客观、真实。

发现工作场所职业病危害因素不符合国家职业卫生标准和卫生要求时,用人单位应当立即采取相应治理措施,仍然达不到国家职业卫生标准和卫生要求的,必须停止存在职业病危害因素的作业;职业病危害因素经治理后,符合国家职业卫生标准和卫生要求的,方可重新作业。

第二十七条 职业卫生技术服务机构依法从事职业病危害因素检测、评价工作,接受安全生产监督管理部门的监督检查。安全生产监督管理部门应当依法履行监督职责。

第二十八条 向用人单位提供可能产生职业病危害的设备的,应当提供中文说明书,并在设备的醒目位置设置警示标识和中文警示说明。警示说明应当载明设备性能、可能产生的职业病危害、安全操作和维护注意事项、职业病防护以及应急救治措施等内容。

第二十九条 向用人单位提供可能产生职业病危害的化学品、

放射性同位素和含有放射性物质的材料的，应当提供中文说明书。说明书应当载明产品特性、主要成份、存在的有害因素、可能产生的危害后果、安全使用注意事项、职业病防护以及应急救治措施等内容。产品包装应当有醒目的警示标识和中文警示说明。贮存上述材料的场所应当在规定的部位设置危险物品标识或者放射性警示标识。

国内首次使用或者首次进口与职业病危害有关的化学材料，使用单位或者进口单位按照国家规定经国务院有关部门批准后，应当向国务院卫生行政部门、安全生产监督管理部门报送该化学材料的毒性鉴定以及经有关部门登记注册或者批准进口的文件等资料。

进口放射性同位素、射线装置和含有放射性物质的物品的，按照国家有关规定办理。

第三十条 任何单位和个人不得生产、经营、进口和使用国家明令禁止使用的可能产生职业病危害的设备或者材料。

第三十一条 任何单位和个人不得将产生职业病危害的作业转移给不具备职业病防护条件的单位和个人。不具备职业病防护条件的单位和个人不得接受产生职业病危害的作业。

第三十二条 用人单位对采用的技术、工艺、设备、材料，应当知悉其产生的职业病危害，对有职业病危害的技术、工艺、设备、材料隐瞒其危害而采用的，对所造成的职业病危害后果承担责任。

第三十三条 用人单位与劳动者订立劳动合同（含聘用合同，下同）时，应当将工作过程中可能产生的职业病危害及其后果、职业病防护措施和待遇等如实告知劳动者，并在劳动合同中写明，不得隐瞒或者欺骗。

劳动者在已订立劳动合同期间因工作岗位或者工作内容变更，

从事与所订立劳动合同中未告知的存在职业病危害的作业时，用人单位应当依照前款规定，向劳动者履行如实告知的义务，并协商变更原劳动合同相关条款。

用人单位违反前两款规定的，劳动者有权拒绝从事存在职业病危害的作业，用人单位不得因此解除与劳动者所订立的劳动合同。

第三十四条　用人单位的主要负责人和职业卫生管理人员应当接受职业卫生培训，遵守职业病防治法律、法规，依法组织本单位的职业病防治工作。

用人单位应当对劳动者进行上岗前的职业卫生培训和在岗期间的定期职业卫生培训，普及职业卫生知识，督促劳动者遵守职业病防治法律、法规、规章和操作规程，指导劳动者正确使用职业病防护设备和个人使用的职业病防护用品。

劳动者应当学习和掌握相关的职业卫生知识，增强职业病防范意识，遵守职业病防治法律、法规、规章和操作规程，正确使用、维护职业病防护设备和个人使用的职业病防护用品，发现职业病危害事故隐患应当及时报告。

劳动者不履行前款规定义务的，用人单位应当对其进行教育。

第三十五条　对从事接触职业病危害的作业的劳动者，用人单位应当按照国务院安全生产监督管理部门、卫生行政部门的规定组织上岗前、在岗期间和离岗时的职业健康检查，并将检查结果书面告知劳动者。职业健康检查费用由用人单位承担。

用人单位不得安排未经上岗前职业健康检查的劳动者从事接触职业病危害的作业；不得安排有职业禁忌的劳动者从事其所禁忌的作业；对在职业健康检查中发现有与所从事的职业相关的健康损害的劳动者，应当调离原工作岗位，并妥善安置；对未进行离岗前职业健康检查的劳动者不得解除或者终止与其订立的劳动合同。

职业健康检查应当由取得《医疗机构执业许可证》的医疗卫生机构承担。卫生行政部门应当加强对职业健康检查工作的规范管理，具体管理办法由国务院卫生行政部门制定。

第三十六条　用人单位应当为劳动者建立职业健康监护档案，并按照规定的期限妥善保存。

职业健康监护档案应当包括劳动者的职业史、职业病危害接触史、职业健康检查结果和职业病诊疗等有关个人健康资料。

劳动者离开用人单位时，有权索取本人职业健康监护档案复印件，用人单位应当如实、无偿提供，并在所提供的复印件上签章。

第三十七条　发生或者可能发生急性职业病危害事故时，用人单位应当立即采取应急救援和控制措施，并及时报告所在地安全生产监督管理部门和有关部门。安全生产监督管理部门接到报告后，应当及时会同有关部门组织调查处理；必要时，可以采取临时控制措施。卫生行政部门应当组织做好医疗救治工作。

对遭受或者可能遭受急性职业病危害的劳动者，用人单位应当及时组织救治、进行健康检查和医学观察，所需费用由用人单位承担。

第三十八条　用人单位不得安排未成年工从事接触职业病危害的作业；不得安排孕期、哺乳期的女职工从事对本人和胎儿、婴儿有危害的作业。

第三十九条　劳动者享有下列职业卫生保护权利：

（一）获得职业卫生教育、培训；

（二）获得职业健康检查、职业病诊疗、康复等职业病防治服务；

（三）了解工作场所产生或者可能产生的职业病危害因素、危害后果和应当采取的职业病防护措施；

（四）要求用人单位提供符合防治职业病要求的职业病防护设施和个人使用的职业病防护用品，改善工作条件；

（五）对违反职业病防治法律、法规以及危及生命健康的行为提出批评、检举和控告；

（六）拒绝违章指挥和强令进行没有职业病防护措施的作业；

（七）参与用人单位职业卫生工作的民主管理，对职业病防治工作提出意见和建议。

用人单位应当保障劳动者行使前款所列权利。因劳动者依法行使正当权利而降低其工资、福利等待遇或者解除、终止与其订立的劳动合同的，其行为无效。

第四十条 工会组织应当督促并协助用人单位开展职业卫生宣传教育和培训，有权对用人单位的职业病防治工作提出意见和建议，依法代表劳动者与用人单位签订劳动安全卫生专项集体合同，与用人单位就劳动者反映的有关职业病防治的问题进行协调并督促解决。

工会组织对用人单位违反职业病防治法律、法规，侵犯劳动者合法权益的行为，有权要求纠正；产生严重职业病危害时，有权要求采取防护措施，或者向政府有关部门建议采取强制性措施；发生职业病危害事故时，有权参与事故调查处理；发现危及劳动者生命健康的情形时，有权向用人单位建议组织劳动者撤离危险现场，用人单位应当立即作出处理。

第四十一条 用人单位按照职业病防治要求，用于预防和治理职业病危害、工作场所卫生检测、健康监护和职业卫生培训等费用，按照国家有关规定，在生产成本中据实列支。

第四十二条 职业卫生监督管理部门应当按照职责分工，加强对用人单位落实职业病防护管理措施情况的监督检查，依法行使职权，承担责任。

第四章 职业病诊断与职业病病人保障

第四十三条 医疗卫生机构承担职业病诊断，应当经省、自治区、直辖市人民政府卫生行政部门批准。省、自治区、直辖市人民政府卫生行政部门应当向社会公布本行政区域内承担职业病诊断的医疗卫生机构的名单。

承担职业病诊断的医疗卫生机构应当具备下列条件：

（一）持有《医疗机构执业许可证》；
（二）具有与开展职业病诊断相适应的医疗卫生技术人员；
（三）具有与开展职业病诊断相适应的仪器、设备；
（四）具有健全的职业病诊断质量管理制度。

承担职业病诊断的医疗卫生机构不得拒绝劳动者进行职业病诊断的要求。

第四十四条 劳动者可以在用人单位所在地、本人户籍所在地或者经常居住地依法承担职业病诊断的医疗卫生机构进行职业病诊断。

第四十五条 职业病诊断标准和职业病诊断、鉴定办法由国务院卫生行政部门制定。职业病伤残等级的鉴定办法由国务院劳动保障行政部门会同国务院卫生行政部门制定。

第四十六条 职业病诊断，应当综合分析下列因素：

（一）病人的职业史；
（二）职业病危害接触史和工作场所职业病危害因素情况；
（三）临床表现以及辅助检查结果等。

没有证据否定职业病危害因素与病人临床表现之间的必然联系的，应当诊断为职业病。

职业病诊断证明书应当由参与诊断的取得职业病诊断资格的执业医师签署，并经承担职业病诊断的医疗卫生机构审核盖章。

第四十七条 用人单位应当如实提供职业病诊断、鉴定所需的劳动者职业史和职业病危害接触史、工作场所职业病危害因素检测结果等资料；安全生产监督管理部门应当监督检查和督促用人单位提供上述资料；劳动者和有关机构也应当提供与职业病诊断、鉴定有关的资料。

职业病诊断、鉴定机构需要了解工作场所职业病危害因素情况时，可以对工作场所进行现场调查，也可以向安全生产监督管理部门提出，安全生产监督管理部门应当在十日内组织现场调查。用人单位不得拒绝、阻挠。

第四十八条 职业病诊断、鉴定过程中，用人单位不提供工作场所职业病危害因素检测结果等资料的，诊断、鉴定机构应当结合劳动者的临床表现、辅助检查结果和劳动者的职业史、职业病危害接触史，并参考劳动者的自述、安全生产监督管理部门提供的日常监督检查信息等，作出职业病诊断、鉴定结论。

劳动者对用人单位提供的工作场所职业病危害因素检测结果等资料有异议，或者因劳动者的用人单位解散、破产，无用人单位提供上述资料的，诊断、鉴定机构应当提请安全生产监督管理部门进行调查，安全生产监督管理部门应当自接到申请之日起三十日内对存在异议的资料或者工作场所职业病危害因素情况作出判定；有关部门应当配合。

第四十九条 职业病诊断、鉴定过程中，在确认劳动者职业史、职业病危害接触史时，当事人对劳动关系、工种、工作岗位或者在岗时间有争议的，可以向当地的劳动人事争议仲裁委员会申请仲裁；接到申请的劳动人事争议仲裁委员会应当受理，并在三十日内作出裁决。

当事人在仲裁过程中对自己提出的主张，有责任提供证据。劳动者无法提供由用人单位掌握管理的与仲裁主张有关的证据的，仲裁庭应当要求用人单位在指定期限内提供；用人单位在指定期限内不提供的，应当承担不利后果。

劳动者对仲裁裁决不服的，可以依法向人民法院提起诉讼。

用人单位对仲裁裁决不服的，可以在职业病诊断、鉴定程序结束之日起十五日内依法向人民法院提起诉讼；诉讼期间，劳动者的治疗费用按照职业病待遇规定的途径支付。

第五十条 用人单位和医疗卫生机构发现职业病病人或者疑似职业病病人时，应当及时向所在地卫生行政部门和安全生产监督管理部门报告。确诊为职业病的，用人单位还应当向所在地劳动保障行政部门报告。接到报告的部门应当依法作出处理。

第五十一条 县级以上地方人民政府卫生行政部门负责本行政区域内的职业病统计报告的管理工作，并按照规定上报。

第五十二条 当事人对职业病诊断有异议的，可以向作出诊断的医疗卫生机构所在地地方人民政府卫生行政部门申请鉴定。

职业病诊断争议由设区的市级以上地方人民政府卫生行政部门根据当事人的申请，组织职业病诊断鉴定委员会进行鉴定。

当事人对设区的市级职业病诊断鉴定委员会的鉴定结论不服的，可以向省、自治区、直辖市人民政府卫生行政部门申请再鉴定。

第五十三条 职业病诊断鉴定委员会由相关专业的专家组成。

省、自治区、直辖市人民政府卫生行政部门应当设立相关的专家库，需要对职业病争议作出诊断鉴定时，由当事人或者当事人委托有关卫生行政部门从专家库中以随机抽取的方式确定参加诊断鉴定委员会的专家。

职业病诊断鉴定委员会应当按照国务院卫生行政部门颁布的职业病诊断标准和职业病诊断、鉴定办法进行职业病诊断鉴定,向当事人出具职业病诊断鉴定书。职业病诊断、鉴定费用由用人单位承担。

第五十四条 职业病诊断鉴定委员会组成人员应当遵守职业道德,客观、公正地进行诊断鉴定,并承担相应的责任。职业病诊断鉴定委员会组成人员不得私下接触当事人,不得收受当事人的财物或者其他好处,与当事人有利害关系的,应当回避。

人民法院受理有关案件需要进行职业病鉴定时,应当从省、自治区、直辖市人民政府卫生行政部门依法设立的相关的专家库中选取参加鉴定的专家。

第五十五条 医疗卫生机构发现疑似职业病病人时,应当告知劳动者本人并及时通知用人单位。

用人单位应当及时安排对疑似职业病病人进行诊断;在疑似职业病病人诊断或者医学观察期间,不得解除或者终止与其订立的劳动合同。

疑似职业病病人在诊断、医学观察期间的费用,由用人单位承担。

第五十六条 用人单位应当保障职业病病人依法享受国家规定的职业病待遇。

用人单位应当按照国家有关规定,安排职业病病人进行治疗、康复和定期检查。

用人单位对不适宜继续从事原工作的职业病病人,应当调离原岗位,并妥善安置。

用人单位对从事接触职业病危害的作业的劳动者,应当给予适当岗位津贴。

第五十七条 职业病病人的诊疗、康复费用,伤残以及丧失劳动能力的职业病病人的社会保障,按照国家有关工伤保险的规定执行。

第五十八条 职业病病人除依法享有工伤保险外,依照有关民事法律,尚有获得赔偿的权利的,有权向用人单位提出赔偿要求。

第五十九条 劳动者被诊断患有职业病,但用人单位没有依法参加工伤保险的,其医疗和生活保障由该用人单位承担。

第六十条 职业病病人变动工作单位,其依法享有的待遇不变。

用人单位在发生分立、合并、解散、破产等情形时,应当对从事接触职业病危害的作业的劳动者进行健康检查,并按照国家有关规定妥善安置职业病病人。

第六十一条 用人单位已经不存在或者无法确认劳动关系的职业病病人,可以向地方人民政府民政部门申请医疗救助和生活等方面的救助。

地方各级人民政府应当根据本地区的实际情况,采取其他措施,使前款规定的职业病病人获得医疗救治。

第五章　监督检查

第六十二条 县级以上人民政府职业卫生监督管理部门依照职业病防治法律、法规、国家职业卫生标准和卫生要求,依据职责划分,对职业病防治工作进行监督检查。

第六十三条 安全生产监督管理部门履行监督检查职责时,有权采取下列措施:

(一)进入被检查单位和职业病危害现场,了解情况,调查取证;

（二）查阅或者复制与违反职业病防治法律、法规的行为有关的资料和采集样品；

（三）责令违反职业病防治法律、法规的单位和个人停止违法行为。

第六十四条 发生职业病危害事故或者有证据证明危害状态可能导致职业病危害事故发生时，安全生产监督管理部门可以采取下列临时控制措施：

（一）责令暂停导致职业病危害事故的作业；

（二）封存造成职业病危害事故或者可能导致职业病危害事故发生的材料和设备；

（三）组织控制职业病危害事故现场。

在职业病危害事故或者危害状态得到有效控制后，安全生产监督管理部门应当及时解除控制措施。

第六十五条 职业卫生监督执法人员依法执行职务时，应当出示监督执法证件。

职业卫生监督执法人员应当忠于职守，秉公执法，严格遵守执法规范；涉及用人单位的秘密的，应当为其保密。

第六十六条 职业卫生监督执法人员依法执行职务时，被检查单位应当接受检查并予以支持配合，不得拒绝和阻碍。

第六十七条 卫生行政部门、安全生产监督管理部门及其职业卫生监督执法人员履行职责时，不得有下列行为：

（一）对不符合法定条件的，发给建设项目有关证明文件、资质证明文件或者予以批准；

（二）对已经取得有关证明文件的，不履行监督检查职责；

（三）发现用人单位存在职业病危害的，可能造成职业病危害事故，不及时依法采取控制措施；

（四）其他违反本法的行为。

第六十八条 职业卫生监督执法人员应当依法经过资格认定。

职业卫生监督管理部门应当加强队伍建设,提高职业卫生监督执法人员的政治、业务素质,依照本法和其他有关法律、法规的规定,建立、健全内部监督制度,对其工作人员执行法律、法规和遵守纪律的情况,进行监督检查。

第六章 法律责任

第六十九条 建设单位违反本法规定,有下列行为之一的,由安全生产监督管理部门和卫生行政部门依据职责分工给予警告,责令限期改正;逾期不改正的,处十万元以上五十万元以下的罚款;情节严重的,责令停止产生职业病危害的作业,或者提请有关人民政府按照国务院规定的权限责令停建、关闭:

(一)未按照规定进行职业病危害预评价的;

(二)医疗机构可能产生放射性职业病危害的建设项目未按照规定提交放射性职业病危害预评价报告,或者放射性职业病危害预评价报告未经卫生行政部门审核同意,开工建设的;

(三)建设项目的职业病防护设施未按照规定与主体工程同时设计、同时施工、同时投入生产和使用的;

(四)建设项目的职业病防护设施设计不符合国家职业卫生标准和卫生要求,或者医疗机构放射性职业病危害严重的建设项目的防护设施设计未经卫生行政部门审查同意擅自施工的;

(五)未按照规定对职业病防护设施进行职业病危害控制效果评价的;

(六)建设项目竣工投入生产和使用前,职业病防护设施未按照规定验收合格的。

第七十条 违反本法规定,有下列行为之一的,由安全生产监督管理部门给予警告,责令限期改正;逾期不改正的,处十万元以下的罚款：

（一）工作场所职业病危害因素检测、评价结果没有存档、上报、公布的；

（二）未采取本法第二十条规定的职业病防治管理措施的；

（三）未按照规定公布有关职业病防治的规章制度、操作规程、职业病危害事故应急救援措施的；

（四）未按照规定组织劳动者进行职业卫生培训，或者未对劳动者个人职业病防护采取指导、督促措施的；

（五）国内首次使用或者首次进口与职业病危害有关的化学材料，未按照规定报送毒性鉴定资料以及经有关部门登记注册或者批准进口的文件的。

第七十一条　用人单位违反本法规定，有下列行为之一的，由安全生产监督管理部门责令限期改正，给予警告，可以并处五万元以上十万元以下的罚款：

（一）未按照规定及时、如实向安全生产监督管理部门申报产生职业病危害的项目的；

（二）未实施由专人负责的职业病危害因素日常监测，或者监测系统不能正常监测的；

（三）订立或者变更劳动合同时，未告知劳动者职业病危害真实情况的；

（四）未按照规定组织职业健康检查、建立职业健康监护档案或者未将检查结果书面告知劳动者的；

（五）未依照本法规定在劳动者离开用人单位时提供职业健康监护档案复印件的。

第七十二条　用人单位违反本法规定，有下列行为之一的，由安全生产监督管理部门给予警告，责令限期改正，逾期不改正的，处五万元以上二十万元以下的罚款；情节严重的，责令停止产生职业病危害的作业，或者提请有关人民政府按照国务院规定的权限责令关闭：

（一）工作场所职业病危害因素的强度或者浓度超过国家职业卫生标准的；

（二）未提供职业病防护设施和个人使用的职业病防护用品，或者提供的职业病防护设施和个人使用的职业病防护用品不符合国家职业卫生标准和卫生要求的；

（三）对职业病防护设备、应急救援设施和个人使用的职业病防护用品未按照规定进行维护、检修、检测，或者不能保持正常运行、使用状态的；

（四）未按照规定对工作场所职业病危害因素进行检测、评价的；

（五）工作场所职业病危害因素经治理仍然达不到国家职业卫生标准和卫生要求时，未停止存在职业病危害因素的作业的；

（六）未按照规定安排职业病病人、疑似职业病病人进行诊治的；

（七）发生或者可能发生急性职业病危害事故时，未立即采取应急救援和控制措施或者未按照规定及时报告的；

（八）未按照规定在产生严重职业病危害的作业岗位醒目位置设置警示标识和中文警示说明的；

（九）拒绝职业卫生监督管理部门监督检查的；

（十）隐瞒、伪造、篡改、毁损职业健康监护档案、工作场所职业病危害因素检测评价结果等相关资料，或者拒不提供职业病诊断、鉴定所需资料的；

（十一）未按照规定承担职业病诊断、鉴定费用和职业病病人的医疗、生活保障费用的。

第七十三条　向用人单位提供可能产生职业病危害的设备、材料，未按照规定提供中文说明书或者设置警示标识和中文警示说明的，由安全生产监督管理部门责令限期改正，给予警告，并处五万元以上二十万元以下的罚款。

第七十四条 用人单位和医疗卫生机构未按照规定报告职业病、疑似职业病的，由有关主管部门依据职责分工责令限期改正，给予警告，可以并处一万元以下的罚款；弄虚作假的，并处二万元以上五万元以下的罚款；对直接负责的主管人员和其他直接责任人员，可以依法给予降级或者撤职的处分。

第七十五条 违反本法规定，有下列情形之一的，由安全生产监督管理部门责令限期治理，并处五万元以上三十万元以下的罚款；情节严重的，责令停止产生职业病危害的作业，或者提请有关人民政府按照国务院规定的权限责令关闭：

（一）隐瞒技术、工艺、设备、材料所产生的职业病危害而采用的；

（二）隐瞒本单位职业卫生真实情况的；

（三）可能发生急性职业损伤的有毒、有害工作场所、放射工作场所或者放射性同位素的运输、贮存不符合本法第二十五条规定的；

（四）使用国家明令禁止使用的可能产生职业病危害的设备或者材料的；

（五）将产生职业病危害的作业转移给没有职业病防护条件的单位和个人，或者没有职业病防护条件的单位和个人接受产生职业病危害的作业的；

（六）擅自拆除、停止使用职业病防护设备或者应急救援设施的；

（七）安排未经职业健康检查的劳动者、有职业禁忌的劳动者、未成年工或者孕期、哺乳期女职工从事接触职业病危害的作业或者禁忌作业的；

（八）违章指挥和强令劳动者进行没有职业病防护措施的作业的。

第七十六条 生产、经营或者进口国家明令禁止使用的可能产生职业病危害的设备或者材料的，依照有关法律、行政法规的规定给予处罚。

第七十七条 用人单位违反本法规定，已经对劳动者生命健康造成严重损害的，由安全生产监督管理部门责令停止产生职业病危害的作业，或者提请有关人民政府按照国务院规定的权限责令关闭，并处十万元以上五十万元以下的罚款。

第七十八条 用人单位违反本法规定，造成重大职业病危害事故或者其他严重后果，构成犯罪的，对直接负责的主管人员和其他直接责任人员，依法追究刑事责任。

第七十九条 未取得职业卫生技术服务资质认可擅自从事职业卫生技术服务的，或者医疗卫生机构未经批准擅自从事职业病诊断的，由安全生产监督管理部门和卫生行政部门依据职责分工责令立即停止违法行为，没收违法所得；违法所得五千元以上的，并处违法所得二倍以上十倍以下的罚款；没有违法所得或者违法所得不足五千元的，并处五千元以上五万元以下的罚款；情节严重的，对直接负责的主管人员和其他直接责任人员，依法给予降级、撤职或者开除的处分。

第八十条 从事职业卫生技术服务的机构和承担职业病诊断的医疗卫生机构违反本法规定，有下列行为之一的，由安全生产监督管理部门和卫生行政部门依据职责分工责令立即停止违法行为，给予警告，没收违法所得；违法所得五千元以上的，并处违法所得二倍以上五倍以下的罚款；没有违法所得或者违法所得不足五千元的，并处五千元以上二万元以下的罚款；情节严重的，由原认可或者批准机关取消其相应的资格；对直接负责的主管人员和其他直接责任人员，依法给予降级、撤职或者开除的处分；构成犯罪的，依法追究刑事责任：

（一）超出资质认可或者批准范围从事职业卫生技术服务或者职业病诊断的；

（二）不按照本法规定履行法定职责的；

（三）出具虚假证明文件的。

第八十一条 职业病诊断鉴定委员会组成人员收受职业病诊断争议当事人的财物或者其他好处的，给予警告，没收收受的财物，可以并处三千元以上五万元以下的罚款，取消其担任职业病诊断鉴定委员会组成人员的资格，并从省、自治区、直辖市人民政府卫生行政部门设立的专家库中予以除名。

第八十二条 卫生行政部门、安全生产监督管理部门不按照规定报告职业病和职业病危害事故的，由上一级行政部门责令改正，通报批评，给予警告；虚报、瞒报的，对单位负责人、直接负责的主管人员和其他直接责任人员依法给予降级、撤职或者开除的处分。

第八十三条 县级以上地方人民政府在职业病防治工作中未依照本法履行职责，本行政区域出现重大职业病危害事故、造成严重社会影响的，依法对直接负责的主管人员和其他直接责任人员给予记大过直至开除的处分。

县级以上人民政府职业卫生监督管理部门不履行本法规定的职责、滥用职权、玩忽职守、徇私舞弊，依法对直接负责的主管人员和其他直接责任人员给予记大过或者降级的处分；造成职业病危害事故或者其他严重后果的，依法给予撤职或者开除的处分。

第八十四条 违反本法规定，构成犯罪的，依法追究刑事责任。

第七章 附 则

第八十五条 本法下列用语的含义：

职业病危害，是指对从事职业活动的劳动者可能导致职业病的各种危害。职业病危害因素包括：职业活动中存在的各种有害的化学、物理、生物因素以及在作业过程中产生的其他职业有害因素。

职业禁忌，是指劳动者从事特定职业或者接触特定职业病危害因素时，比一般职业人群更易于遭受职业病危害和罹患职业病或者可能导致原有自身疾病病情加重，或者在从事作业过程中诱发可能导致对他人生命健康构成危险的疾病的个人特殊生理或者病理状态。

第八十六条 本法第二条规定的用人单位以外的单位，产生职业病危害的，其职业病防治活动可以参照本法执行。

劳务派遣用工单位应当履行本法规定的用人单位的义务。

中国人民解放军参照执行本法的办法，由国务院、中央军事委员会制定。

第八十七条 对医疗机构放射性职业病危害控制的监督管理，由卫生行政部门依照本法的规定实施。

第八十八条 本法自 2002 年 5 月 1 日起施行。

附 录

国家职业病防治规划（2016—2020年）

国务院办公厅关于印发国家职业病
防治规划（2016—2020年）的通知

国办发〔2016〕100号

各省、自治区、直辖市人民政府，国务院各部委、各直属机构：

《国家职业病防治规划（2016—2020年）》已经国务院同意，现印发给你们，请认真贯彻执行。

国务院办公厅
2016年12月26日

为加强职业病防治工作，切实保障劳动者职业健康权益，依据《中华人民共和国职业病防治法》，制定本规划。

一、职业病防治现状和问题

职业病防治事关劳动者身体健康和生命安全，事关经济发展和社会稳定大局。党中央、国务院高度重视职业病防治工作。《"健康中国2030"规划纲要》明确提出，要强化行业自律和监督管理职责，推动企业落实主体责任，推进职业病危害源头治理，预防和控制职业病发生。

《中华人民共和国职业病防治法》实施以来特别是《国家职业病防治规划（2009—2015年）》（国办发〔2009〕43号）印发以来，各地区、各有关部门依法履行职业病防治职责，强化行政监管，防治体系逐步健全，监督执法不断加强，源头治理和专项整治力度持续加大，用人单位危害劳动者健康的违法行为有所减少，工作场所职业卫生条件得到改善。职业病危害检测、评价与控制，职业健康检查以及职业病诊断、鉴定、救治水平不断提升，职业病防治机构、化学中毒和核辐射医疗救治基地建设得到加强，重大急性职业病危害事故明显减少。职业病防治宣传更加普及，全社会防治意识不断提高。

但是，当前我国职业病防治还面临着诸多问题和挑战。一是职业病危害依然严重。全国每年新报告职业病病例近3万例，分布在煤炭、化工、有色金属、轻工等不同行业，涉及企业数量多。二是用人单位主体责任落实不到位。部分用人单位主要负责人法治意识不强，对改善作业环境、提供防护用品、组织职业健康检查投入不足，农民工、劳务派遣人员等的职业病防护得不到有效保障。三是职业卫生监管和职业病防治服务能力不足。部分地区基层监管力量和防治工作基础薄弱，对危害信息掌握不全，对重点职业病及职业相关危害因素监测能力不足。四是新的职业病危害问题不容忽视。随着新技术、新工艺、新设备和新材料的广泛应用，新的职业病危害因素不断出现，对职业病防治工作提出新挑战。

二、总体要求

（一）指导思想

全面贯彻党的十八大和十八届三中、四中、五中、六中全会精神，深入学习贯彻习近平总书记系列重要讲话精神，认真落实党中央、国务院决策部署，紧紧围绕统筹推进"五位一体"总体布局和协调推进"四个全面"战略布局，牢固树立和贯彻落实创新、协调、绿色、开放、共享的发展理念，坚持正确的卫生与健康工作方针，强化政府监管职责，督促用人单位落实主体责任，提升职业病防治工作水平，鼓励全社会广泛参与，有效预防和控制职业病危害，切实保障劳动者职业健康权益，促进经济社会持续健康发展，为推进健康中国建设奠定重要基础。

(二) 基本原则

坚持依法防治。推进职业病防治工作法治化建设，建立健全配套法律、法规和标准，依法依规开展工作。落实法定防治职责，坚持管行业、管业务、管生产经营的同时必须管好职业病防治工作，建立用人单位诚信体系。

坚持源头治理。把握职业卫生发展规律，坚持预防为主、防治结合，以重点行业、重点职业病危害和重点人群为切入点，引导用人单位开展技术改造和转型升级，改善工作场所条件，从源头预防控制职业病危害。

坚持综合施策。统筹协调职业病防治工作涉及的方方面面，更加注重部门协调和资源共享，切实落实用人单位主体责任，提升劳动者个体防护意识，推动政府、用人单位、劳动者各负其责、协同联动，形成防治工作合力。

(三) 规划目标

到 2020 年，建立健全用人单位负责、行政机关监管、行业自律、职工参与和社会监督的职业病防治工作格局。职业病防治法律、法规和标准体系基本完善，职业卫生监管水平明显提升，职业病防治服务能力显著增强，救治救助和工伤保险保障水平不断提高；职业病源头治理力度进一步加大，用人单位主体责任不断落实，工作场所作业环境有效改善，职业健康监护工作有序开展，劳动者的职业健康权益得到切实保障；接尘工龄不足 5 年的劳动者新发尘肺病报告例数占年度报告总例数的比例得到下降，重大急性职业病危害事故、慢性职业性化学中毒、急性职业性放射性疾病得到有效控制。

——用人单位主体责任不断落实。重点行业的用人单位职业病危害项目申报率达到85%以上，工作场所职业病危害因素定期检测率达到80%以上，接触职业病危害的劳动者在岗期间职业健康检查率达到90%以上，主要负责人、职业卫生管理人员职业卫生培训率均达到95%以上，医疗卫生机构放射工作人员个人剂量监测率达到90%以上。

——职业病防治体系基本健全。建立健全省、市、县三级职业病防治工作联席会议制度。设区的市至少应确定1家医疗卫生机构承担本辖区内职业病诊断工作，县级行政区域原则上至少确定1家医疗卫生机构承担本辖区职业健康检查工作。职业病防治服务网络和监管网络不断健全，职业卫生监管人员培训实现全覆盖。

——职业病监测能力不断提高。健全监测网络，开展重点职业病监测工作的县（区）覆盖率达到90%。提升职业病报告质量，职业病诊断机构报告率达到90%。初步建立职业病防治信息系统，实现部门间信息共享。

——劳动者健康权益得到保障。劳动者依法应参加工伤保险覆盖率达到80%以上，逐步实现工伤保险与基本医疗保险、大病保险、医疗救助、社会慈善、商业保险等有效衔接，切实减轻职业病病人负担。

三、主要任务

(一) 强化源头治理

开展全国职业病危害调查，掌握产生职业病危害的用人单位基本情况，以及危害地区、行业、岗位、人群分布等基本信息。建立职业病危害严重的落后工艺、材料和设备淘汰、限制名录管理制度，推广有利于保护劳动者健康的新技术、新工艺、新设备和新材料。以职业性尘肺病、化学中毒为重点，在矿山、有色金属、冶金、建材等行业领域开展专项治理。严格源头控制，引导职业病危害严重的用人单位进行技术改造和转型升级。开展职业病危害治理帮扶行动，探索设立中小微型用人单位职业病防治公益性指导援助平台。加强对新发职业病危害的研究识别、评价与控制。

（二）落实用人单位主体责任

督促职业病危害严重的用人单位建立防治管理责任制，健全岗位责任体系，做到责任到位、投入到位、监管到位、防护到位、应急救援到位。推动企业依法设立职业卫生管理机构，配备专（兼）职管理人员和技术人员。通过经验推广、示范创建等方式，引导用人单位发挥主体作用，自主履行法定义务。帮助用人单位有针对性地开展职业卫生培训，提高主要负责人、管理人员和劳动者的职业病危害防护意识。督促用人单位落实建设项目职业病防护设施"三同时"（同时设计、同时施工、同时投入生产和使用）制度，加强对危害预评价、防护设施控制效果评价和竣工验收等环节的管理。改善作业环境，做好工作场所危害因素申报、日常监测、定期检测和个体防护用品管理等工作，严格执行工作场所职业病危害因素检测结果和防护措施公告制度，在产生严重危害的作业岗位设置警示标志和说明。指导用人单位建立完善职业健康监护制度，组织劳动者开展职业健康检查，配合开展职业病诊断与鉴定等工作。

（三）加大职业卫生监管执法力度

加强职业卫生监管网络建设，逐步健全监管执法队伍。大力提升基层监管水平，重点加强县、乡级职业卫生监管执法能力和装备建设。依法履行监管职责，督促用人单位加强对农民工、劳务派遣人员等职业病危害高风险人群的职业健康管理。扩大监督检查覆盖范围，加大对重点行业、重点企业、存在职业病危害的建设项目以及职业卫生技术服务机构、职业病诊断机构和职业健康检查机构的监督检查力度，开展职业卫生服务监督检查行动，严肃查处违法违规行为。对职业病危害严重、改造后仍无法达标的用人单位，严格依法责令停止产生职业病危害的作业，或者依照法定程序责令停建、关闭。建立用人单位和职业卫生技术服务机构"黑名单"制度，定期向社会公布并通报有关部门。注重发挥行业组织在职业卫生监管中的作用。

（四）提升防治服务水平

完善职业病防治服务网络，按照区域覆盖、合理配置的原则，加强基础设施建设，明确职业病防治机构的布局、规模、功能和数量。根据职责定位，充分发挥好各类疾病预防控制机构、职业病防治院所、综合性医院和专科医院职业病科在职业健康检查及职业病诊断、监测、评价、风险评估等方面的作用，健全分工协作、上下联动的工作机制。推动职业卫生工作重心下沉，逐步引导基层医疗卫生机构参与职业健康管理和健康促进工作。以农民工尘肺病为切入点，简化职业病诊断程序，优化服务流程，提高服务质量。加大投入力度，提升职业中毒和核辐射应急救治水平。充分调动社会力量的积极性，增加职业健康检查等服务供给，创新服务模式，满足劳动者和用人单位多层次、多样化的职业卫生服务需求。

（五）落实救助保障措施

规范用人单位劳动用工管理，依法签订劳动合同，督促用人单位在合同中明确劳动保护、劳动条件和职业病危害防护等内容。在重点行业中推行平等协商和签订劳动安全卫生专项集体合同制度，以非公有制企业为重点，督促劳动关系双方认真履行防治责任。督促用人单位按时足额缴纳工伤保险费，推行工伤保险费率与职业病危害程度挂钩浮动制度。做好工伤保险与基本医疗保险、大病保险、医疗救助、社会慈善、商业保险等有效衔接，及时让符合条件的职业病病人按规定享受大病保险待遇和纳入医疗救助范围,减轻病人医疗费用负担。将符合条件的尘肺病等职业病病人家庭及时纳入最低生活保障范围;对遭遇突发性、紧迫性、临时性基本生活困难的,按规定及时给予救助。

(六) 推进防治信息化建设

改进职业病危害项目申报工作,建立统一、高效的职业卫生监督执法信息管理机制,推动执法工作公开透明。建立完善重点职业病与职业病危害因素监测、报告和管理网络。开展重点职业病监测和专项调查,持续、系统收集相关信息。规范职业病报告信息管理工作,提高上报信息的及时性、完整性和准确性。开展职业健康风险评估,掌握重点人群和重点行业发病特点、危害程度和发病趋势。加强部门间信息共享利用,及时交流用人单位职业病危害、劳动者职业健康和工伤保障等信息数据。将职业病防治纳入全民健康保障信息化工程,充分利用互联网、大数据、云计算等技术做好防治工作。

(七) 开展宣传教育和健康促进

动员全社会参与,充分发挥主流媒体的权威性和新媒体的便捷性,广泛宣传职业病防治法律法规和相关标准,普及职业病危害防治知识。积极利用"职业病防治法宣传周"开展各种形式的宣传活动,提高宣传教育的针对性和实效性。督促用人单位重视工作场所的职业健康宣传教育工作。创新方式方法,开展健康促进试点,推动"健康企业"建设,营造有益于职业健康的环境。巩固健康教育成果,更新健康促进手段,及时应对产业转型、技术进步可能产生的职业健康新问题。

(八) 加强科研及成果转化应用

鼓励和支持职业病防治基础性科研工作,推进发病机理研究,在重点人群和重点行业开展流行病学调查,开展早期职业健康损害、新发职业病危害因素和疾病负担等研究,为制定防治政策提供依据。重点攻关职业性尘肺病、化学中毒、噪声聋、放射性疾病等防治技术,以及粉尘、化学因素等快速检测技术。加快科技成果转化应用工作,推广以无毒代替有毒、低毒代替高毒等新技术、新工艺、新设备和新材料。加强国际合作,吸收、借鉴和推广国际先进科学技术和成功经验。

四、保障措施

(一)加强组织领导

各地区要高度重视职业病防治工作,将其纳入本地区国民经济和社会发展总体规划,健全职业病防治工作联席会议制度,加强统筹协调,多措并举,进一步提升职业病防治合力。完善职业病防治工作责任制,建立防治目标和责任考核制度,制定年度工作计划和实施方案,定期研究解决职业病防治中的重大问题。建立健全政府部门、用人单位和劳动者三方代表参与的职业病防治工作长效机制。

(二)落实部门责任

各有关部门要严格贯彻《中华人民共和国职业病防治法》,履行法定职责,加强协同配合,切实做好职业病防治工作。国家卫生计生委负责对职业病报告、职业健康检查、职业病诊断与鉴定、化学品毒性鉴定等工作进行监督管理,组织开展重点职业病监测、职业健康风险评估和专项调查,开展医疗卫生机构放射性职业病危害控制的监督管理。安全监管总局负责用人单位职业卫生监督检查工作,加强源头治理,负责建设项目职业病危害评价和职业卫生技术服务机构监管,调查处置职业卫生事件和事故,拟订高危粉尘作业、高毒和放射性作业等方面的行政法规,组织指导并监督检查用人单位职业卫生培训工作。中央宣传部负责组织新闻媒体做好职业病防治宣传、舆论引导和监督工作。国家发展改革委负责会同有关行业管理部门积极调整产业政策,限制和减少职业病危害严重的落后技术、工艺、设备和材料的使用,支持职业病防治机构的基础设施建设。科技部负责将职业病防治关键技术等研究纳入国家重点研究计划。工业和信息化部发挥行业管理职能作用,在行业规划、标准规范、技术改造、推动过剩产能退出、产业转型升级等方面统筹考虑职业病防治工作,促进企业提高职业病防治水平。民政部负责将用人单位不存在或无法确定劳动关系,且符合条件的职业病病人纳入医疗救助范围,将符合条件的职业病病人及其家庭纳入最低生活保障范围。财政部负责落实职业病防治的财政补助政策,保障职业病防治工作所需经费。人力资源社会保障部负责职业病病人的工伤保险待遇有关工作。国务院国资委配合有关部门督促指导中央企业依法开展职业病防治工作。全国总工会依法对职业病防治工作进行监督,参与职业病危害事故调查处理,反映劳动者职业健康方面的诉求,提出意见和建议,维护劳动者合法权益。

(三)加大经费投入

各地区要根据职业病防治形势,加大财政投入力度,合理安排防治工作所需经费,加强对任务完成情况和财政资金使用考核,提高资金使用效率。用人单位要根据实际情况,保障生产工艺技术改造、职业病危害预防和控制、工作场所检测评价、职业健康监护和职业卫生培训等费用。各地区要探索工伤保险基金在职业病预防、诊疗和康复中的作用,建立多元化的防治资金筹措机制,鼓励和引导社会资本投入职业病防治领域。

(四)健全法律法规和标准

进一步完善职业病防治法律法规。健全高危粉尘、高毒和医用辐射防护等特殊作业管理,以及职业病危害评价、职业健康检查、职业病诊断与鉴定等法律制度。制定职业病报告、职业健康管理等工作规范。完善重点职业病、职业性放射性疾病等监测和职业健康风险评估技术方案。健全用人单位职业病危害因素工程控制、个体职业防护、职业健康监护、职业病诊断等国家职业卫生标准和指南。

（五）加强人才队伍建设

各地区要强化职业病防治和技术服务专业队伍建设，重点加强疾病预防控制机构、职业病防治院所、综合性医院和专科医院职业病科等梯队建设，提高县、乡级职业卫生服务能力。探索建立注册职业卫生工程师制度。接触职业病危害因素劳动者多、危害程度严重的用人单位，要强化专（兼）职职业卫生技术人员储备。加大培训力度，重点加强对临床和公共卫生复合型人才的培养。

五、督导与评估

安全监管总局、国家卫生计生委要适时组织开展规划实施的督查和评价工作，2020年组织规划实施的终期评估，结果报国务院。各地区要结合工作实际研究制定本地区职业病防治规划，明确阶段性目标和工作分工，加大督导检查力度，确保目标任务圆满完成。

职业病危害项目申报办法

国家安全生产监督管理总局令

第48号

《职业病危害项目申报办法》已经2012年3月6日国家安全生产监督管理总局局长办公会议审议通过，现予公布，自2012年6月1日起施行。国家安全生产监督管理总局2009年9月8日公布的《作业场所职业危害申报管理办法》同时废止。

国家安全生产监督管理总局局长
2012年4月27日

第一条　为了规范职业病危害项目的申报工作，加强对用人单位职业卫生工作的监督管理，根据《中华人民共和国职业病防治法》，制定本办法。

第二条　用人单位（煤矿除外）工作场所存在职业病目录所列职业病的危害因素的，应当及时、如实向所在地安全生产监督管理部门申报危害项目，并接受安全生产监督管理部门的监督管理。

煤矿职业病危害项目申报办法另行规定。

第三条　本办法所称职业病危害项目，是指存在职业病危害因素的项目。

职业病危害因素按照《职业病危害因素分类目录》确定。

第四条　职业病危害项目申报工作实行属地分级管理的原则。中央企业、省属企业及其所属用人单位的职业病危害项目，向其所在地设区的市级人民政府安全生产监督管理部门申报。

前款规定以外的其他用人单位的职业病危害项目，向其所在地县级人民政府安全生产监督管理部门申报。

第五条 用人单位申报职业病危害项目时，应当提交《职业病危害项目申报表》和下列文件、资料：

（一）用人单位的基本情况；

（二）工作场所职业病危害因素种类、分布情况以及接触人数；

（三）法律、法规和规章规定的其他文件、资料。

第六条 职业病危害项目申报同时采取电子数据和纸质文本两种方式。

用人单位应当首先通过"职业病危害项目申报系统"进行电子数据申报，同时将《职业病危害项目申报表》加盖公章并由本单位主要负责人签字后，按照本办法第四条和第五条的规定，连同有关文件、资料一并上报所在地设区的市级、县级安全生产监督管理部门。

受理申报的安全生产监督管理部门应当自收到申报文件、资料之日起5个工作日内，出具《职业病危害项目申报回执》。

第七条 职业病危害项目申报不得收取任何费用。

第八条 用人单位有下列情形之一的，应当按照本条规定向原申报机关申报变更职业病危害项目内容：

（一）进行新建、改建、扩建、技术改造或者技术引进建设项目的，自建设项目竣工验收之日起30日内进行申报；

（二）因技术、工艺、设备或者材料等发生变化导致原申报的职业病危害因素及其相关内容发生重大变化的，自发生变化之日起15日内进行申报；

（三）用人单位工作场所、名称、法定代表人或者主要负责人发生变化的，自发生变化之日起15日内进行申报；

（四）经过职业病危害因素检测、评价，发现原申报内容发生变化的，自收到有关检测、评价结果之日起 15 日内进行申报。

第九条 用人单位终止生产经营活动的，应当自生产经营活动终止之日起 15 日内向原申报机关报告并办理注销手续。

第十条 受理申报的安全生产监督管理部门应当建立职业病危害项目管理档案。职业病危害项目管理档案应当包括辖区内存在职业病危害因素的用人单位数量、职业病危害因素种类、行业及地区分布、接触人数等内容。

第十一条 安全生产监督管理部门应当依法对用人单位职业病危害项目申报情况进行抽查，并对职业病危害项目实施监督检查。

第十二条 安全生产监督管理部门及其工作人员应当保守用人单位商业秘密和技术秘密。违反有关保密义务的，应当承担相应的法律责任。

第十三条 安全生产监督管理部门应当建立健全举报制度，依法受理和查处有关用人单位违反本办法行为的举报。

任何单位和个人均有权向安全生产监督管理部门举报用人单位违反本办法的行为。

第十四条 用人单位未按照本办法规定及时、如实地申报职业病危害项目的，责令限期改正，给予警告，可以并处 5 万元以上 10 万元以下的罚款。

第十五条 用人单位有关事项发生重大变化，未按照本办法的规定申报变更职业病危害项目内容的，责令限期改正，可以并处 5 千元以上 3 万元以下的罚款。

第十六条 《职业病危害项目申报表》、《职业病危害项目申报回执》的式样由国家安全生产监督管理总局规定。

第十七条 本办法自 2012 年 6 月 1 日起施行。国家安全生产监督管理总局 2009 年 9 月 8 日公布的《作业场所职业危害申报管理办法》同时废止。

1981年《职业安全和卫生及工作环境公约》

全国人民代表大会常务委员会
关于批准1981年《职业安全和卫生及工作环境公约》的决定

(2006年10月31日第十届全国人民代表大会常务委员会第二十四次会议通过)

第十届全国人民代表大会常务委员会第二十四次会议决定：批准于1981年6月22日第67届国际劳工大会通过的1981年《职业安全和卫生及工作环境公约》；同时声明，在中华人民共和国政府另行通知前，1981年《职业安全和卫生及工作环境公约》不适用于中华人民共和国香港特别行政区。

国际劳工组织大会，经国际劳工局理事会召集，于1981年6月3日在日内瓦举行其第67届会议，并经决定采纳本届会议议程第六项关于安全和卫生及工作环境的某些提议，并经确定这些提议应采取国际公约的形式，于1981年6月22日通过以下公约，引用时得称之为1981年《职业安全和卫生公约》：

第一部分 范围和定义

第一条

一、本公约适用于经济活动的各个部门。

二、凡批准本公约的会员国，经与有关的、有代表性的雇主组织和工人组织在尽可能最早阶段进行协商后，对于其经济活动的某些特殊部门在应用中会出现实质性特殊问题者，诸如海运或捕鱼，得部分或全部免除其应用本公约。

三、凡批准本公约的会员国，应在其按照国际劳工组织章程第二十二条的规定提交的关于实施本公约的第一次报告中，列举按照本条第二款的规定予以豁免的部门，陈明豁免的理由，描述在已获豁免的部门中为适当保护工人而采取的措施，并在以后的报告中说明在扩大公约的适用面方面所取得的任何进展。

第二条

一、本公约适用于所覆盖的经济活动的各个部门中的一切工人。

二、凡批准本公约的会员国，经与有关的、有代表性的雇主组织和工人组织在尽可能最早阶段进行协商后，对应用本公约确有特殊困难的少数类别的工人，得部分或全部免除其应用本公约。

三、凡批准本公约的会员国应在其按照国际劳工组织章程第二十二条的规定提交的关于实施本公约的第一次报告中，列举出按照本条第二款的规定可以予以豁免的少数类别的工人，陈述豁免的理由，并在以后的报告中说明在扩大公约的适用面方面所取得的任何进展。

第三条

就本公约而言：

（一）"经济活动部门"一词涵盖雇用工人的一切部门，包括公共机构；

（二）"工人"一词涵盖一切受雇人员，包括公务人员；

（三）"工作场所"一词涵盖工人因工作而需在场或前往、并在雇主直接或间接控制之下的一切地点；

（四）"条例"一词涵盖所有由一个或几个主管当局制定的具有法律效力的规定；

（五）与工作有关的"健康"一词，不仅指没有疾病或并非体弱，也包括与工作安全和卫生直接有关的影响健康的身心因素。

第二部分　国家政策的原则

第四条

一、各会员国应根据本国情况和惯例，经与最有代表性的雇主组织和工人组织协商后，制定、实施和定期审查有关职业安全、职业卫生及工作环境的连贯的国家政策。

二、这项政策的目的应是在合理可行的范围内，把工作环境中内在的危险因素减少到最低限度，以预防来源于工作、与工作有关或在工作过程中发生的事故和对健康的危害。

第五条

本公约第四条提及的政策，应考虑到对职业安全和卫生及工作环境有影响的以下主要活动领域：

（一）工作的物质要素（工作场所、工作环境、工具、机器和设备、化学、物理和生物的物质和制剂、工作过程）的设计、测试、选择、替代、安装、安排、使用和维修；

（二）工作的物质要素与进行或监督工作的人员之间的关系，及机器、设备、工作时间、工作组织和工作过程对工人身心能力的适应；

（三）为使安全和卫生达到适当水平，对有关人员在某一方面或其他方面的培训，包括必要的进一步培训、资格和动力；

（四）在工作班组和企业一级，以及在其他所有相应的级别直至并含国家一级之间的交流和合作；

（五）保护工人及其代表，使其不致因按照本公约第四条提及的政策正当地采取行动而遭受纪律制裁。

第六条

本公约第四条提及的政策的制订应阐明公共当局、雇主、工人和其他人员在职业安全和卫生及工作环境方面各自的职能和责任，同时既考虑到这些责任的补充性又考虑到本国情况和惯例。

第七条

对于职业安全和卫生及工作环境的状况，应每隔适当时间，进行一次全面的或针对某些特定方面的审查，以鉴定主要问题之所在，找到解决这些问题的有效方法和应采取的优先行动，并评估取得的成果。

第三部分 国家一级的行动

第八条 各会员国应通过法律或条例，或通过任何其他符合本国情况和惯例的方法，并经与有关的、有代表性的雇主和工人组织协商，采取必要步骤实施本公约第四条。

第九条

一、实施有关职业安全和卫生及工作环境的法律和条例，应由恰当和适宜的监察制度予以保证。

二、实施制度应规定对违反法律和条例的行为予以适当惩处。

第十条

应采取措施向雇主和工人提供指导，以帮助他们遵守法定义务。

第十一条

为实施本公约第四条提及的政策，各主管当局应保证逐步行使下列职能：

（一）在危险的性质和程度有此需要时，确定企业设计、建设和布局的条件、企业的交付使用、影响企业的主要变动或对其用途的修改、工作中所用技术设备的安全以及对主管当局所定程序的实施；

（二）确定哪些工作程序及物质和制剂应予禁止或限制向其暴露，或应置于各主管当局批准或监督之下；应考虑同时暴露于几种物质或制剂对健康的危害；

（三）建立和实施由雇主，并在适当情况下，由保险机构或任何其他直接有关者通报工伤事故和职业病的程序，并对工伤事故和职业病建立年度统计；

（四）对发生于工作过程中或与工作有关的工伤事故、职业病或其他一切对健康损害，如反映出情况严重，应进行调查；

（五）每年公布按本公约第四条提及的政策而采取措施的情况及在工作过程中发生或与工作有关的工伤事故、职业病和对健康的其他损害的情况；

（六）在考虑本国情况和可能的情况下，引进或扩大各种制度以审查化学、物理和生物制剂对工人健康的危险。

第十二条

应按照国家法律和惯例采取措施，以确保设计、制作、引进、提供或转让业务上使用的机器、设备或物质者：

（一）在合理可行的范围内，查明机器、设备或物质不致对正确使用它们的人的安全和健康带来危险；

（二）提供有关正确安装和使用机器和设备以及正确使用各类物质的信息，有关机器和设备的危害以及化学物质、物理和生物制剂或产品的危险性能的信息，并对如何避免已知危险进行指导；

（三）开展调查研究，或不断了解为实施本条第一项和第二项所需的科技知识。

第十三条

凡工人有正当理由认为工作情况出现对其生命或健康有紧迫、严重危险而撤离时，应按照本国情况和惯例保护其免遭不当的处理。

第十四条

应采取措施，以适合本国情况和惯例的方式，鼓励将职业安全和卫生及工作环境问题列入各级的教育和培训，包括高等技术、医学和专业的教育以满足所有工人培训的需要。

第十五条

一、为保证本公约第四条提及的政策的一贯性和实施该政策所采取措施的一贯性，各会员国应在尽可能最早阶段与最有代表性的雇主和工人组织并酌情和其他机构协商后，做出适合本国情况和惯例的安排，以保证负责实施本公约第二和第三部分规定的各当局和各机构之间必要的协商。

二、只要情况需要，并为本国情况和惯例所许可，这些安排应包括建立一个中央机构。

第四部分　企业一级的行动

第十六条

一、应要求雇主在合理可行的范围内保证其控制下的工作场所、机器、设备和工作程序安全，不会对健康产生危害。

二、应要求雇主在合理可行的范围内保证其控制下的化学、物理和生物物质与制剂，在采取适当保护措施后，不会对健康产生危害。

三、应要求雇主在必要时提供适当的保护服装和保护用品，以便在合理可行的范围内，预防事故危险或对健康的不利影响。

第十七条

两个或两个以上企业如在同一工作场所同时进行活动，应相互配合实施本公约的规定。

第十八条

应要求雇主在必要时采取应对紧急情况和事故的措施，包括适当的急救安排。

第十九条

应在企业一级做出安排，在此安排下：

（一）工人在工作过程中协助雇主完成其承担的职责；

（二）企业中的工人代表在职业安全和卫生方面与雇主合作；

（三）企业中的工人代表应获得有关雇主为保证职业安全和卫生所采取措施的足够信息，并可在不泄露商业机密的情况下就这类信息与其代表性组织进行磋商；

（四）工人及其企业中的代表应受到职业安全和卫生方面的适当培训；

（五）应使企业中的工人或其代表和必要时其代表性组织，按照国家法律和惯例，能够查询与其工作有关的职业安全和卫生的各个方面的情况，并就此接受雇主的咨询；为此目的，经双方同意，可从企业外部带进技术顾问；

（六）工人应立即向其直接上级报告有充分理由认为出现对其生命或健康有紧迫、严重危险的任何情况；在雇主采取必要的补救措施之前，雇主不得要求工人回到对生命和健康仍存在紧迫、严重危险的工作环境中去。

第二十条

管理人员与工人和（或）其企业内的代表的合作，应是按本公约第十六条至第十九条所采取的组织措施和其他措施的重要组成部分。

第二十一条

职业安全和卫生措施不得包含使工人支付任何费用的规定。

第五部分　最后条款

第二十二条

本公约对任何公约或建议书不作修订。

第二十三条

本公约的正式批准书应送请国际劳工组织总干事登记。

第二十四条

一、本公约应仅对其批准书已经总干事登记的国际劳工组织会员国有约束力。

二、本公约应自两个会员国的批准书已经总干事登记之日起1年后生效。

三、此后，对于任何会员国，本公约应自其批准书已经登记之日起1年后生效。

第二十五条

一、凡批准本公约的会员国，自本公约初次生效之日起满10年后得向国际劳工组织总干事通知解约，并请其登记。此项解约通知书自登记之日起满1年后始得生效。

二、凡批准本公约的会员国，在前款所述10年期满后的1年内未行使本条所规定的解约权利者，即须再遵守10年，此后每当10年期满，得依本条的规定通知解约。

第二十六条

一、国际劳工组织总干事应将国际劳工组织各会员国所送达的一切批准书和解约通知书的登记情况，通知本组织的全体会员国。

二、总干事在将所送达的第二份批准书的登记通知本组织全体会员国时，应提请本组织各会员国注意本公约开始生效的日期。

第二十七条

国际劳工组织总干事应将他按照以上各条规定所登记的一切批准书和解约通知书的详细情况，按照《联合国宪章》第102条的规定，送请联合国秘书长进行登记。

第二十八条

国际劳工局理事会在必要时，应将本公约的实施情况向大会提出报告，并审查应否将本公约的全部或部分修订问题列入大会议程。

第二十九条

一、如大会通过新公约对本公约作全部或部分修订时,除新公约另有规定外,应:

(一) 如新修订公约生效和当其生效之时,会员国对于新修订公约的批准,不需按照上述第二十五条的规定,依法应为对本公约的立即解约。

(二) 自新修订公约生效之日起,本公约应即停止接受会员国的批准。

二、对于已批准本公约而未批准修订公约的会员国,本公约以其现有的形式和内容,在任何情况下仍应有效。

第三十条

本公约的英文本和法文本同等为准。

建设项目职业病防护设施"三同时"监督管理办法

国家安全生产监督管理总局令

第 90 号

《建设项目职业病防护设施"三同时"监督管理办法》已经 2017 年 1 月 10 日国家安全生产监督管理总局第 1 次局长办公会议审议通过，现予公布，自 2017 年 5 月 1 日起施行。

国家安全生产监督管理总局局长
2017 年 3 月 9 日

第一章 总 则

第一条 为了预防、控制和消除建设项目可能产生的职业病危害，加强和规范建设项目职业病防护设施建设的监督管理，根据《中华人民共和国职业病防治法》，制定本办法。

第二条 安全生产监督管理部门职责范围内、可能产生职业病危害的新建、改建、扩建和技术改造、技术引进建设项目（以下统称建设项目）职业病防护设施建设及其监督管理，适用本办法。

本办法所称的可能产生职业病危害的建设项目，是指存在或者产生职业病危害因素分类目录所列职业病危害因素的建设项目。

本办法所称的职业病防护设施，是指消除或者降低工作场所的职业病危害因素的浓度或者强度，预防和减少职业病危害因素对劳动者健康的损害或者影响，保护劳动者健康的设备、设施、装置、构（建）筑物等的总称。

第三条 负责本办法第二条规定建设项目投资、管理的单位（以下简称建设单位）是建设项目职业病防护设施建设的责任主体。

建设项目职业病防护设施必须与主体工程同时设计、同时施工、同时投入生产和使用（以下统称建设项目职业病防护设施"三同时"）。建设单位应当优先采用有利于保护劳动者健康的新技术、新工艺、新设备和新材料，职业病防护设施所需费用应当纳入建设项目工程预算。

第四条 建设单位对可能产生职业病危害的建设项目，应当依照本办法进行职业病危害预评价、职业病防护设施设计、职业病危害控制效果评价及相应的评审，组织职业病防护设施验收，建立健全建设项目职业卫生管理制度与档案。

建设项目职业病防护设施"三同时"工作可以与安全设施"三同时"工作一并进行。建设单位可以将建设项目职业病危害预评价和安全预评价、职业病防护设施设计和安全设施设计、职业病危害控制效果评价和安全验收评价合并出具报告或者设计，并对职业病防护设施与安全设施一并组织验收。

第五条 国家安全生产监督管理总局在国务院规定的职责范围内对全国建设项目职业病防护设施"三同时"实施监督管理。

县级以上地方各级人民政府安全生产监督管理部门依法在本级人民政府规定的职责范围内对本行政区域内的建设项目职业病防护设施"三同时"实施分类分级监督管理，具体办法由省级安全生产监督管理部门制定，并报国家安全生产监督管理总局备案。

跨两个及两个以上行政区域的建设项目职业病防护设施"三同时"由其共同的上一级人民政府安全生产监督管理部门实施监督管理。

上一级人民政府安全生产监督管理部门根据工作需要，可以将其负责的建设项目职业病防护设施"三同时"监督管理工作委托下一级人民政府安全生产监督管理部门实施;接受委托的安全生产监督管理部门不得再委托。

第六条　国家根据建设项目可能产生职业病危害的风险程度,将建设项目分为职业病危害一般、较重和严重3个类别,并对职业病危害严重建设项目实施重点监督检查。

建设项目职业病危害分类管理目录由国家安全生产监督管理总局制定并公布。省级安全生产监督管理部门可以根据本地区实际情况,对建设项目职业病危害分类管理目录作出补充规定,但不得低于国家安全生产监督管理总局规定的管理层级。

第七条　安全生产监督管理部门应当建立职业卫生专家库(以下简称专家库),并根据需要聘请专家库专家参与建设项目职业病防护设施"三同时"的监督检查工作。

专家库专家应当熟悉职业病危害防治有关法律、法规、规章、标准,具有较高的专业技术水平、实践经验和有关业务背景及良好的职业道德,按照客观、公正的原则,对所参与的工作提出技术意见,并对该意见负责。

专家库专家实行回避制度,参加监督检查的专家库专家不得参与该建设项目职业病防护设施"三同时"的评审及验收等相应工作,不得与该建设项目建设单位、评价单位、设计单位、施工单位或者监理单位等相关单位存在直接利害关系。

第八条　除国家保密的建设项目外,产生职业病危害的建设单位应当通过公告栏、网站等方式及时公布建设项目职业病危害预评价、职业病防护设施设计、职业病危害控制效果评价的承担单位、评价结论、评审时间及评审意见,以及职业病防护设施验收时间、验收方案和验收意见等信息,供本单位劳动者和安全生产监督管理部门查询。

第二章 职业病危害预评价

第九条 对可能产生职业病危害的建设项目，建设单位应当在建设项目可行性论证阶段进行职业病危害预评价，编制预评价报告。

第十条 建设项目职业病危害预评价报告应当符合职业病防治有关法律、法规、规章和标准的要求，并包括下列主要内容：

（一）建设项目概况，主要包括项目名称、建设地点、建设内容、工作制度、岗位设置及人员数量等；

（二）建设项目可能产生的职业病危害因素及其对工作场所、劳动者健康影响与危害程度的分析与评价；

（三）对建设项目拟采取的职业病防护设施和防护措施进行分析、评价，并提出对策与建议；

（四）评价结论，明确建设项目的职业病危害风险类别及拟采取的职业病防护设施和防护措施是否符合职业病防治有关法律、法规、规章和标准的要求。

第十一条 建设单位进行职业病危害预评价时，对建设项目可能产生的职业病危害因素及其对工作场所、劳动者健康影响与危害程度的分析与评价，可以运用工程分析、类比调查等方法。其中，类比调查数据应当采用获得资质认可的职业卫生技术服务机构出具的、与建设项目规模和工艺类似的用人单位职业病危害因素检测结果。

第十二条 职业病危害预评价报告编制完成后，属于职业病危害一般或者较重的建设项目，其建设单位主要负责人或其指定的负责人应当组织具有职业卫生相关专业背景的中级及中级以上专业技术职称人员或者具有职业卫生相关专业背景的注册安全工程师（以下统称职业卫生专业技术人员）对职业病危害预评价报告进行评审，并形成是否符合职业病防治有关法律、法规、规章和标准要求的评审意见；属于职业病危害严重的建设项目，其建设单位主要负责人或其指定的负责人应当组织外单位职业卫生专业技术人员参加评审工作，并形成评审意见。

建设单位应当按照评审意见对职业病危害预评价报告进行修改完善，并对最终的职业病危害预评价报告的真实性、客观性和合规性负责。职业病危害预评价工作过程应当形成书面报告备查。书面报告的具体格式由国家安全生产监督管理总局另行制定。

第十三条　建设项目职业病危害预评价报告有下列情形之一的，建设单位不得通过评审：

（一）对建设项目可能产生的职业病危害因素识别不全，未对工作场所职业病危害对劳动者健康影响与危害程度进行分析与评价的，或者评价不符合要求的；

（二）未对建设项目拟采取的职业病防护设施和防护措施进行分析、评价，对存在的问题未提出对策措施的；

（三）建设项目职业病危害风险分析与评价不正确的；

（四）评价结论和对策措施不正确的；

（五）不符合职业病防治有关法律、法规、规章和标准规定的其他情形的。

第十四条　建设项目职业病危害预评价报告通过评审后，建设项目的生产规模、工艺等发生变更导致职业病危害风险发生重大变化的，建设单位应当对变更内容重新进行职业病危害预评价和评审。

第三章　职业病防护设施设计

第十五条　存在职业病危害的建设项目，建设单位应当在施工前按照职业病防治有关法律、法规、规章和标准的要求，进行职业病防护设施设计。

第十六条 建设项目职业病防护设施设计应当包括下列内容：

（一）设计依据；

（二）建设项目概况及工程分析；

（三）职业病危害因素分析及危害程度预测；

（四）拟采取的职业病防护设施和应急救援设施的名称、规格、型号、数量、分布，并对防控性能进行分析；

（五）辅助用室及卫生设施的设置情况；

（六）对预评价报告中拟采取的职业病防护设施、防护措施及对策措施采纳情况的说明；

（七）职业病防护设施和应急救援设施投资预算明细表；

（八）职业病防护设施和应急救援设施可以达到的预期效果及评价。

第十七条 职业病防护设施设计完成后，属于职业病危害一般或者较重的建设项目，其建设单位主要负责人或其指定的负责人应当组织职业卫生专业技术人员对职业病防护设施设计进行评审，并形成是否符合职业病防治有关法律、法规、规章和标准要求的评审意见；属于职业病危害严重的建设项目，其建设单位主要负责人或其指定的负责人应当组织外单位职业卫生专业技术人员参加评审工作，并形成评审意见。

建设单位应当按照评审意见对职业病防护设施设计进行修改完善，并对最终的职业病防护设施设计的真实性、客观性和合规性负责。职业病防护设施设计工作过程应当形成书面报告备查。书面报告的具体格式由国家安全生产监督管理总局另行制定。

第十八条 建设项目职业病防护设施设计有下列情形之一的，建设单位不得通过评审和开工建设：

（一）未对建设项目主要职业病危害进行防护设施设计或者设

计内容不全的；

（二）职业病防护设施设计未按照评审意见进行修改完善的；

（三）未采纳职业病危害预评价报告中的对策措施，且未作充分论证说明的；

（四）未对职业病防护设施和应急救援设施的预期效果进行评价的；

（五）不符合职业病防治有关法律、法规、规章和标准规定的其他情形的。

第十九条　建设单位应当按照评审通过的设计和有关规定组织职业病防护设施的采购和施工。

第二十条　建设项目职业病防护设施设计在完成评审后，建设项目的生产规模、工艺等发生变更导致职业病危害风险发生重大变化的，建设单位应当对变更的内容重新进行职业病防护设施设计和评审。

第四章　职业病危害控制效果评价与防护设施验收

第二十一条　建设项目职业病防护设施建设期间，建设单位应当对其进行经常性的检查，对发现的问题及时进行整改。

第二十二条　建设项目投入生产或者使用前，建设单位应当依照职业病防治有关法律、法规、规章和标准要求，采取下列职业病危害防治管理措施：

（一）设置或者指定职业卫生管理机构，配备专职或者兼职的职业卫生管理人员；

（二）制定职业病防治计划和实施方案；

（三）建立、健全职业卫生管理制度和操作规程；

（四）建立、健全职业卫生档案和劳动者健康监护档案；

（五）实施由专人负责的职业病危害因素日常监测，并确保监测系统处于正常运行状态；

（六）对工作场所进行职业病危害因素检测、评价；

（七）建设单位的主要负责人和职业卫生管理人员应当接受职业卫生培训，并组织劳动者进行上岗前的职业卫生培训；

（八）按照规定组织从事接触职业病危害作业的劳动者进行上岗前职业健康检查，并将检查结果书面告知劳动者；

（九）在醒目位置设置公告栏，公布有关职业病危害防治的规章制度、操作规程、职业病危害事故应急救援措施和工作场所职业病危害因素检测结果。对产生严重职业病危害的作业岗位，应当在其醒目位置，设置警示标识和中文警示说明；

（十）为劳动者个人提供符合要求的职业病防护用品；

（十一）建立、健全职业病危害事故应急救援预案；

（十二）职业病防治有关法律、法规、规章和标准要求的其他管理措施。

第二十三条 建设项目完工后，需要进行试运行的，其配套建设的职业病防护设施必须与主体工程同时投入试运行。

试运行时间应当不少于30日，最长不得超过180日，国家有关部门另有规定或者特殊要求的行业除外。

第二十四条 建设项目在竣工验收前或者试运行期间，建设单位应当进行职业病危害控制效果评价，编制评价报告。建设项目职业病危害控制效果评价报告应当符合职业病防治有关法律、法规、规章和标准的要求，包括下列主要内容：

（一）建设项目概况；

（二）职业病防护设施设计执行情况分析、评价；

（三）职业病防护设施检测和运行情况分析、评价；

（四）工作场所职业病危害因素检测分析、评价；

（五）工作场所职业病危害因素日常监测情况分析、评价；

（六）职业病危害因素对劳动者健康危害程度分析、评价；

（七）职业病危害防治管理措施分析、评价；

（八）职业健康监护状况分析、评价；

（九）职业病危害事故应急救援和控制措施分析、评价；

（十）正常生产后建设项目职业病防治效果预期分析、评价；

（十一）职业病危害防护补充措施及建议；

（十二）评价结论，明确建设项目的职业病危害风险类别，以及采取控制效果评价报告所提对策建议后，职业病防护设施和防护措施是否符合职业病防治有关法律、法规、规章和标准的要求。

第二十五条 建设单位在职业病防护设施验收前，应当编制验收方案。验收方案应当包括下列内容：

（一）建设项目概况和风险类别，以及职业病危害预评价、职业病防护设施设计执行情况；

（二）参与验收的人员及其工作内容、责任；

（三）验收工作时间安排、程序等。

建设单位应当在职业病防护设施验收前 20 日将验收方案向管辖该建设项目的安全生产监督管理部门进行书面报告。

第二十六条 属于职业病危害一般或者较重的建设项目，其建设单位主要负责人或其指定的负责人应当组织职业卫生专业技术人员对职业病危害控制效果评价报告进行评审以及对职业病防护设施进行验收，并形成是否符合职业病防治有关法律、法规、规章和标准要求的评审意见和验收意见。属于职业病危害严重的建设项目，其建设单位主要负责人或其指定的负责人应当组织外单位职业卫生专业技术人员参加评审和验收工作，并形成评审和验收意见。

建设单位应当按照评审与验收意见对职业病危害控制效果评价

报告和职业病防护设施进行整改完善，并对最终的职业病危害控制效果评价报告和职业病防护设施验收结果的真实性、合规性和有效性负责。

建设单位应当将职业病危害控制效果评价和职业病防护设施验收工作过程形成书面报告备查，其中职业病危害严重的建设项目应当在验收完成之日起 20 日内向管辖该建设项目的安全生产监督管理部门提交书面报告。书面报告的具体格式由国家安全生产监督管理总局另行制定。

第二十七条 有下列情形之一的，建设项目职业病危害控制效果评价报告不得通过评审、职业病防护设施不得通过验收：

（一）评价报告内容不符合本办法第二十四条要求的；

（二）评价报告未按照评审意见整改的；

（三）未按照建设项目职业病防护设施设计组织施工，且未充分论证说明的；

（四）职业病危害防治管理措施不符合本办法第二十二条要求的；

（五）职业病防护设施未按照验收意见整改的；

（六）不符合职业病防治有关法律、法规、规章和标准规定的其他情形的。

第二十八条 分期建设、分期投入生产或者使用的建设项目，其配套的职业病防护设施应当分期与建设项目同步进行验收。

第二十九条 建设项目职业病防护设施未按照规定验收合格的，不得投入生产或者使用。

第五章 监督检查

第三十条 安全生产监督管理部门应当在职责范围内按照分类分级监管的原则，将建设单位开展建设项目职业病防护设施"三同时"情况的监督检查纳入安全生产年度监督检查计划,并按照监督检查计划与安全设施"三同时"实施一体化监督检查,对发现的违法行为应当依法予以处理;对违法行为情节严重的,应当按照规定纳入安全生产不良记录"黑名单"管理。

第三十一条 安全生产监督管理部门应当依法对建设单位开展建设项目职业病危害预评价情况进行监督检查,重点监督检查下列事项:

(一)是否进行建设项目职业病危害预评价;

(二)是否对建设项目可能产生的职业病危害因素及其对工作场所、劳动者健康影响与危害程度进行分析、评价;

(三)是否对建设项目拟采取的职业病防护设施和防护措施进行评价,是否提出对策与建议;

(四)是否明确建设项目职业病危害风险类别;

(五)主要负责人或其指定的负责人是否组织职业卫生专业技术人员对职业病危害预评价报告进行评审,职业病危害预评价报告是否按照评审意见进行修改完善;

(六)职业病危害预评价工作过程是否形成书面报告备查;

(七)是否按照本办法规定公布建设项目职业病危害预评价情况;

(八)依法应当监督检查的其他事项。

第三十二条 安全生产监督管理部门应当依法对建设单位开展建设项目职业病防护设施设计情况进行监督检查,重点监督检查下列事项:

(一)是否进行职业病防护设施设计;

(二)是否采纳职业病危害预评价报告中的对策与建议,如未采纳是否进行充分论证说明;

(三)是否明确职业病防护设施和应急救援设施的名称、规格、型号、数量、分布，并对防控性能进行分析；

（四）是否明确辅助用室及卫生设施的设置情况；

（五）是否明确职业病防护设施和应急救援设施投资预算；

（六）主要负责人或其指定的负责人是否组织职业卫生专业技术人员对职业病防护设施设计进行评审，职业病防护设施设计是否按照评审意见进行修改完善；

（七）职业病防护设施设计工作过程是否形成书面报告备查；

（八）是否按照本办法规定公布建设项目职业病防护设施设计情况；

（九）依法应当监督检查的其他事项。

第三十三条 安全生产监督管理部门应当依法对建设单位开展建设项目职业病危害控制效果评价及职业病防护设施验收情况进行监督检查，重点监督检查下列事项：

（一）是否进行职业病危害控制效果评价及职业病防护设施验收；

（二）职业病危害防治管理措施是否齐全；

（三）主要负责人或其指定的负责人是否组织职业卫生专业技术人员对建设项目职业病危害控制效果评价报告进行评审和对职业病防护设施进行验收，是否按照评审意见和验收意见对职业病危害控制效果评价报告和职业病防护设施进行整改完善；

（四）建设项目职业病危害控制效果评价及职业病防护设施验收工作过程是否形成书面报告备查；

（五）建设项目职业病防护设施验收方案、职业病危害严重建设项目职业病危害控制效果评价与职业病防护设施验收工作报告是否按照规定向安全生产监督管理部门进行报告；

（六）是否按照本办法规定公布建设项目职业病危害控制效果评价和职业病防护设施验收情况；

（七）依法应当监督检查的其他事项。

第三十四条 安全生产监督管理部门应当按照下列规定对建设单位组织的验收活动和验收结果进行监督核查，并纳入安全生产年度监督检查计划：

（一）对职业病危害严重建设项目的职业病防护设施的验收方案和验收工作报告，全部进行监督核查；

（二）对职业病危害较重和一般的建设项目职业病防护设施的验收方案和验收工作报告，按照国家安全生产监督管理总局规定的"双随机"方式实施抽查。

第三十五条 安全生产监督管理部门应当加强监督检查人员建设项目职业病防护设施"三同时"知识的培训，提高业务素质。

第三十六条 安全生产监督管理部门及其工作人员不得有下列行为：

（一）强制要求建设单位接受指定的机构、职业卫生专业技术人员开展建设项目职业病防护设施"三同时"有关工作；

（二）以任何理由或者方式向建设单位和有关机构收取或者变相收取费用；

（三）向建设单位摊派财物、推销产品；

（四）在建设单位和有关机构报销任何费用。

第三十七条 任何单位或者个人发现建设单位、安全生产监督管理部门及其工作人员、有关机构和人员违反职业病防治有关法律、法规、标准和本办法规定的行为，均有权向安全生产监督管理部门或者有关部门举报。

受理举报的安全生产监督管理部门应当为举报人保密，并依法对举报内容进行核查和处理。

第三十八条 上级安全生产监督管理部门应当加强对下级安全

生产监督管理部门建设项目职业病防护设施"三同时"监督执法工作的检查、指导。

地方各级安全生产监督管理部门应当定期汇总分析有关监督执法情况,并按照要求逐级上报。

第六章　法律责任

第三十九条　建设单位有下列行为之一的,由安全生产监督管理部门给予警告,责令限期改正;逾期不改正的,处10万元以上50万元以下的罚款;情节严重的,责令停止产生职业病危害的作业,或者提请有关人民政府按照国务院规定的权限责令停建、关闭:

(一)未按照本办法规定进行职业病危害预评价的;

(二)建设项目的职业病防护设施未按照规定与主体工程同时设计、同时施工、同时投入生产和使用的;

(三)建设项目的职业病防护设施设计不符合国家职业卫生标准和卫生要求的;

(四)未按照本办法规定对职业病防护设施进行职业病危害控制效果评价的;

(五)建设项目竣工投入生产和使用前,职业病防护设施未按照本办法规定验收合格的。

第四十条　建设单位有下列行为之一的,由安全生产监督管理部门给予警告,责令限期改正;逾期不改正的,处5000元以上3万元以下的罚款:

(一)未按照本办法规定,对职业病危害预评价报告、职业病防护设施设计、职业病危害控制效果评价报告进行评审或者组织职业病防护设施验收的;

(二)职业病危害预评价、职业病防护设施设计、职业病危害控制效果评价或者职业病防护设施验收工作过程未形成书面报告备查的；

（三）建设项目的生产规模、工艺等发生变更导致职业病危害风险发生重大变化的，建设单位对变更内容未重新进行职业病危害预评价和评审，或者未重新进行职业病防护设施设计和评审的；

（四）需要试运行的职业病防护设施未与主体工程同时试运行的；

（五）建设单位未按照本办法第八条规定公布有关信息的。

第四十一条 建设单位在职业病危害预评价报告、职业病防护设施设计、职业病危害控制效果评价报告编制、评审以及职业病防护设施验收等过程中弄虚作假的，由安全生产监督管理部门责令限期改正，给予警告，可以并处5000元以上3万元以下的罚款。

第四十二条 建设单位未按照规定及时、如实报告建设项目职业病防护设施验收方案，或者职业病危害严重建设项目未提交职业病危害控制效果评价与职业病防护设施验收的书面报告的，由安全生产监督管理部门责令限期改正，给予警告，可以并处5000元以上3万元以下的罚款。

第四十三条 参与建设项目职业病防护设施"三同时"监督检查工作的专家库专家违反职业道德或者行为规范，降低标准、弄虚作假、牟取私利，作出显失公正或者虚假意见的，由安全生产监督管理部门将其从专家库除名，终身不得再担任专家库专家。职业卫生专业技术人员在建设项目职业病防护设施"三同时"评审、验收等活动中涉嫌犯罪的，移送司法机关依法追究刑事责任。

第四十四条 违反本办法规定的其他行为，依照《中华人民共和国职业病防治法》有关规定给予处理。

第七章 附 则

第四十五条 煤矿建设项目职业病防护设施"三同时"的监督检查工作按照新修订发布的《煤矿和煤层气地面开采建设项目安全设施监察规定》执行,煤矿安全监察机构按照规定履行国家监察职责。

第四十六条 本办法自2017年5月1日起施行。国家安全安全生产监督管理总局2012年4月27日公布的《建设项目职业卫生"三同时"监督管理暂行办法》同时废止。

关于发布《职业性外照射急性放射病诊断》等 10 项卫生标准的通告

国卫通〔2017〕22 号

现发布《职业性外照射急性放射病诊断》等 10 项卫生标准，编号和名称如下：

一、强制性国家职业卫生标准：

GBZ 104—2017 职业性外照射急性放射病诊断（代替 GBZ 104—2002）

GBZ 105—2017 职业性外照射慢性放射性诊断（代替 GBZ 105—2002）

二、推荐性国家职业卫生标准

GBZ/T 163—2017 职业性外照射急性放射病的远期效应医学随访规范（代替 GBZ/T 163—2004）

GBZ/T 244—2017 电离辐射所致皮肤剂量估算方法（代替 GBZ/T 244—2013、WS/T 188—1999）

GBZ/T 301—2017 电离辐射所致眼晶状体剂量估算方法（代替 WS/T 117—1999）

三、强制性卫生行业标准

WS 581—2017 牙科 X 射线设备质量控制检测规范

WS 582—2017 X、r 射线立体定向放射治疗系统质量控制检测规范

四、推荐性卫生行业标准

WS/T 184—2017 空气中放射性核素的 r 能谱分析方法（代替 WS/T 184—1999）

WS/T 583—2017 放射性核素内污染人员医学处理规范

WS/T 584—2017 人体内放射性核素全身计数测量方法

上述标准自 2018 年 5 月 1 日起施行，GBZ 104—2002、GBZ 105—2002、GBZ/T 163—2004、GBZ/T 244—2013、WS/T 188—1999、WS/T 117—1999、WS/T 184—2017 同时废止。

特此通告。

国家卫生计生委

2017 年 10 月 27 日

职业病诊断与鉴定管理办法

中华人民共和国卫生部令

第 91 号

《职业病诊断与鉴定管理办法》已于 2013 年 1 月 9 日经卫生部部务会审议通过，现予公布，自 2013 年 4 月 10 日起施行。

卫生部部长
2013 年 2 月 19 日

第一章 总 则

第一条 为了规范职业病诊断与鉴定工作，加强职业病诊断与鉴定管理，根据《中华人民共和国职业病防治法》（以下简称《职业病防治法》），制定本办法。

第二条 职业病诊断与鉴定工作应当按照《职业病防治法》、本办法的有关规定及国家职业病诊断标准进行，遵循科学、公正、及时、便民的原则。

第三条 职业病诊断机构的设置必须适应职业病防治工作实际需要,充分利用现有医疗卫生资源,实现区域覆盖。

第四条 各地要加强职业病诊断机构能力建设,提供必要的保障条件,配备相关的人员、设备和工作经费,以满足职业病诊断工作的需要。

第二章 诊断机构

第五条 省、自治区、直辖市人民政府卫生行政部门(以下简称省级卫生行政部门)应当结合本行政区域职业病防治工作制定职业病诊断机构设置规划,报省级人民政府批准后实施。

第六条 职业病诊断机构应当具备下列条件:

(一)持有《医疗机构执业许可证》;

(二)具有相应的诊疗科目及与开展职业病诊断相适应的职业病诊断医师等相关医疗卫生技术人员;

(三)具有与开展职业病诊断相适应的场所和仪器、设备;

(四)具有健全的职业病诊断质量管理制度。

第七条 医疗卫生机构申请开展职业病诊断,应当向省级卫生行政部门提交以下资料:

(一)职业病诊断机构申请表;

(二)《医疗机构执业许可证》及副本的复印件;

(三)与申请开展的职业病诊断项目相关的诊疗科目及相关资料;

(四)与申请项目相适应的职业病诊断医师等相关医疗卫生技术人员情况;

(五)与申请项目相适应的场所和仪器、设备清单;

(六)职业病诊断质量管理制度有关资料;

（七）省级卫生行政部门规定提交的其他资料。

第八条 省级卫生行政部门收到申请材料后，应当在五个工作日内作出是否受理的决定，不受理的应当说明理由并书面通知申请单位。

决定受理的，省级卫生行政部门应当及时组织专家组进行技术评审。专家组应当自卫生行政部门受理申请之日起六十日内完成和提交技术评审报告，并对提交的技术评审报告负责。

第九条 省级卫生行政部门应当自收到技术评审报告之日起二十个工作日内，作出是否批准的决定。

对批准的申请单位颁发职业病诊断机构批准证书；不批准的应当说明理由并书面通知申请单位。

职业病诊断机构批准证书有效期为五年。

第十条 职业病诊断机构需要延续依法取得的职业病诊断机构批准证书有效期的，应当在批准证书有效期届满三十日前，向原批准机关申请延续。经原批准机关审核合格的，延续批准证书。

第十一条 符合本办法第六条规定的公立医疗卫生机构可以申请开展职业病诊断工作。

设区的市没有医疗卫生机构申请开展职业病诊断的，省级卫生行政部门应当根据职业病诊断工作的需要，指定公立医疗卫生机构承担职业病诊断工作，并使其在规定时间内达到本办法第六条规定的条件。

第十二条 职业病诊断机构的职责是：

（一）在批准的职业病诊断项目范围内开展职业病诊断；

（二）报告职业病；

（三）报告职业病诊断工作情况；

（四）承担《职业病防治法》中规定的其他职责。

第十三条 职业病诊断机构依法独立行使诊断权，并对其作出的职业病诊断结论负责。

第十四条 职业病诊断机构应当建立和健全职业病诊断管理制度，加强职业病诊断医师等有关医疗卫生人员技术培训和政策、法律培训，并采取措施改善职业病诊断工作条件，提高职业病诊断服务质量和水平。

第十五条 职业病诊断机构应当公开职业病诊断程序，方便劳动者进行职业病诊断。

职业病诊断机构及其相关工作人员应当尊重、关心、爱护劳动者，保护劳动者的隐私。

第十六条 从事职业病诊断的医师应当具备下列条件，并取得省级卫生行政部门颁发的职业病诊断资格证书：

（一）具有医师执业证书；

（二）具有中级以上卫生专业技术职务任职资格；

（三）熟悉职业病防治法律法规和职业病诊断标准；

（四）从事职业病诊断、鉴定相关工作三年以上；

（五）按规定参加职业病诊断医师相应专业的培训，并考核合格。

第十七条 职业病诊断医师应当依法在其资质范围内从事职业病诊断工作，不得从事超出其资质范围的职业病诊断工作。

第十八条 省级卫生行政部门应当向社会公布本行政区域内职业病诊断机构名单、地址、诊断项目等相关信息。

第三章 诊 断

第十九条 劳动者可以选择用人单位所在地、本人户籍所在地或者经常居住地的职业病诊断机构进行职业病诊断。

第二十条　职业病诊断机构应当按照《职业病防治法》、本办法的有关规定和国家职业病诊断标准，依据劳动者的职业史、职业病危害接触史和工作场所职业病危害因素情况、临床表现以及辅助检查结果等，进行综合分析，作出诊断结论。

第二十一条　职业病诊断需要以下资料：

（一）劳动者职业史和职业病危害接触史（包括在岗时间、工种、岗位、接触的职业病危害因素名称等）；

（二）劳动者职业健康检查结果；

（三）工作场所职业病危害因素检测结果；

（四）职业性放射性疾病诊断还需要个人剂量监测档案等资料；

（五）与诊断有关的其他资料。

第二十二条　劳动者依法要求进行职业病诊断的，职业病诊断机构应当接诊，并告知劳动者职业病诊断的程序和所需材料。劳动者应当填写《职业病诊断就诊登记表》，并提交其掌握的本办法第二十一条规定的职业病诊断资料。

第二十三条　在确认劳动者职业史、职业病危害接触史时，当事人对劳动关系、工种、工作岗位或者在岗时间有争议的，职业病诊断机构应当告知当事人依法向用人单位所在地的劳动人事争议仲裁委员会申请仲裁。

第二十四条　职业病诊断机构进行职业病诊断时，应当书面通知劳动者所在的用人单位提供其掌握的本办法第二十一条规定的职业病诊断资料，用人单位应当在接到通知后的十日内如实提供。

第二十五条　用人单位未在规定时间内提供职业病诊断所需要资料的，职业病诊断机构可以依法提请安全生产监督管理部门督促用人单位提供。

第二十六条　劳动者对用人单位提供的工作场所职业病危害因

素检测结果等资料有异议，或者因劳动者的用人单位解散、破产，无用人单位提供上述资料的，职业病诊断机构应当依法提请用人单位所在地安全生产监督管理部门进行调查。

职业病诊断机构在安全生产监督管理部门作出调查结论或者判定前应当中止职业病诊断。

第二十七条 职业病诊断机构需要了解工作场所职业病危害因素情况时，可以对工作场所进行现场调查，也可以依法提请安全生产监督管理部门组织现场调查。

第二十八条 经安全生产监督管理部门督促，用人单位仍不提供工作场所职业病危害因素检测结果、职业健康监护档案等资料或者提供资料不全的，职业病诊断机构应当结合劳动者的临床表现、辅助检查结果和劳动者的职业史、职业病危害接触史，并参考劳动者自述、安全生产监督管理部门提供的日常监督检查信息等，作出职业病诊断结论。仍不能作出职业病诊断的，应当提出相关医学意见或者建议。

第二十九条 职业病诊断机构在进行职业病诊断时，应当组织三名以上单数职业病诊断医师进行集体诊断。

职业病诊断医师应当独立分析、判断、提出诊断意见，任何单位和个人无权干预。

第三十条 职业病诊断机构在进行职业病诊断时，诊断医师对诊断结论有意见分歧的，应当根据半数以上诊断医师的一致意见形成诊断结论，对不同意见应当如实记录。参加诊断的职业病诊断医师不得弃权。

第三十一条 职业病诊断机构可以根据诊断需要，聘请其他单位职业病诊断医师参加诊断。必要时，可以邀请相关专业专家提供咨询意见。

第三十二条 职业病诊断机构作出职业病诊断结论后，应当出具职业病诊断证明书。

职业病诊断证明书应当包括以下内容：

（一）劳动者、用人单位基本信息；

（二）诊断结论。确诊为职业病的，应当载明职业病的名称、程度（期别）、处理意见；

（三）诊断时间。

职业病诊断证明书应当由参加诊断的医师共同签署，并经职业病诊断机构审核盖章。

职业病诊断证明书一式三份，劳动者、用人单位各一份，诊断机构存档一份。

职业病诊断证明书的格式由卫生部统一规定。

第三十三条 职业病诊断机构应当建立职业病诊断档案并永久保存，档案应当包括：

（一）职业病诊断证明书；

（二）职业病诊断过程记录，包括参加诊断的人员、时间、地点、讨论内容及诊断结论；

（三）用人单位、劳动者和相关部门、机构提交的有关资料；

（四）临床检查与实验室检验等资料；

（五）与诊断有关的其他资料。

第三十四条 职业病诊断机构发现职业病病人或者疑似职业病病人时，应当及时向所在地卫生行政部门和安全生产监督管理部门报告。

确诊为职业病的，职业病诊断机构可以根据需要，向相关监管部门、用人单位提出专业建议。

第三十五条 未取得职业病诊断资质的医疗卫生机构，在诊疗活动中怀疑劳动者健康损害可能与其所从事的职业有关时，应当及时告知劳动者到职业病诊断机构进行职业病诊断。

第四章 鉴 定

第三十六条 当事人对职业病诊断机构作出的职业病诊断结论有异议的，可以在接到职业病诊断证明书之日起三十日内，向职业病诊断机构所在地设区的市级卫生行政部门申请鉴定。

设区的市级职业病诊断鉴定委员会负责职业病诊断争议的首次鉴定。

当事人对设区的市级职业病鉴定结论不服的，可以在接到鉴定书之日起十五日内，向原鉴定组织所在地省级卫生行政部门申请再鉴定。

职业病鉴定实行两级鉴定制，省级职业病鉴定结论为最终鉴定。

第三十七条 卫生行政部门可以指定办事机构，具体承担职业病鉴定的组织和日常性工作。职业病鉴定办事机构的职责是：

（一）接受当事人申请；

（二）组织当事人或者接受当事人委托抽取职业病鉴定专家；

（三）组织职业病鉴定会议，负责会议记录、职业病鉴定相关文书的收发及其他事务性工作；

（四）建立并管理职业病鉴定档案；

（五）承担卫生行政部门委托的有关职业病鉴定的其他工作。

职业病诊断机构不能作为职业病鉴定办事机构。

第三十八条 设区的市级以上地方卫生行政部门应当向社会公布本行政区域内依法承担职业病鉴定工作的办事机构的名称、工作时间、地点和鉴定工作程序。

第三十九条 省级卫生行政部门应当设立职业病鉴定专家库（以下简称专家库），并根据实际工作需要及时调整其成员。专家库可以按照专业类别进行分组。

第四十条 专家库应当以取得各类职业病诊断资格的医师为主要成员，吸收临床相关学科、职业卫生、放射卫生等相关专业的专家组成。专家应当具备下列条件：

（一）具有良好的业务素质和职业道德；

（二）具有相关专业的高级专业技术职务任职资格；

（三）熟悉职业病防治法律法规和职业病诊断标准；

（四）身体健康，能够胜任职业病鉴定工作。

第四十一条 参加职业病鉴定的专家，应当由申请鉴定的当事人或者当事人委托的职业病鉴定办事机构从专家库中按照专业类别以随机抽取的方式确定。抽取的专家组成职业病鉴定专家组（以下简称专家组）。

经当事人同意，职业病鉴定办事机构可以根据鉴定需要聘请本省、自治区、直辖市以外的相关专业专家作为专家组成员，并有表决权。

第四十二条 专家组人数为五人以上单数，其中相关专业职业病诊断医师应当为本次专家人数的半数以上。疑难病例应当增加专家组人数，充分听取意见。专家组设组长一名，由专家组成员推举产生。

职业病鉴定会议由专家组组长主持。

第四十三条 参与职业病鉴定的专家有下列情形之一的，应当回避：

（一）是职业病鉴定当事人或者当事人近亲属的；

（二）已参加当事人职业病诊断或者首次鉴定的；

（三）与职业病鉴定当事人有利害关系的；

（四）与职业病鉴定当事人有其他关系，可能影响鉴定公正的。

第四十四条 当事人申请职业病鉴定时，应当提供以下资料：

（一）职业病鉴定申请书；

（二）职业病诊断证明书，申请省级鉴定的还应当提交市级职业病鉴定书；

(三) 卫生行政部门要求提供的其他有关资料。

第四十五条 职业病鉴定办事机构应当自收到申请资料之日起五个工作日内完成资料审核，对资料齐全的发给受理通知书；资料不全的，应当书面通知当事人补充。资料补充齐全的，应当受理申请并组织鉴定。

职业病鉴定办事机构收到当事人鉴定申请之后，根据需要可以向原职业病诊断机构或者首次职业病鉴定的办事机构调阅有关的诊断、鉴定资料。原职业病诊断机构或者首次 职业病鉴定办事机构应当在接到通知之日起十五日内提交。

职业病鉴定办事机构应当在受理鉴定申请之日起六十日内组织鉴定、形成鉴定结论，并在鉴定结论形成后十五日内出具职业病鉴定书。

第四十六条 根据职业病鉴定工作需要，职业病鉴定办事机构可以向有关单位调取与职业病诊断、鉴定有关的资料，有关单位应当如实、及时提供。

专家组应当听取当事人的陈述和申辩，必要时可以组织进行医学检查。

需要了解被鉴定人的工作场所职业病危害因素情况时，职业病鉴定办事机构根据专家组的意见可以对工作场所进行现场调查，或者依法提请安全生产监督管理部门组织现场调查。依法提请安全生产监督管理部门组织现场调查的，在现场调查结论或者判定作出前，职业病鉴定应当中止。

职业病鉴定应当遵循客观、公正的原则，专家组进行职业病鉴定时，可以邀请有关单位人员旁听职业病鉴定会。所有参与职业病鉴定的人员应当依法保护被鉴定人的个人隐私。

第四十七条 专家组应当认真审阅鉴定资料，依照有关规定和职业病诊断标准，经充分合议后，根据专业知识独立进行鉴定。在事实清楚的基础上，进行综合分析，作出鉴定结论，并制作鉴定书。

鉴定结论应当经专家组三分之二以上成员通过。

第四十八条 职业病鉴定书应当包括以下内容：

（一）劳动者、用人单位的基本信息及鉴定事由；

（二）鉴定结论及其依据，如果为职业病，应当注明职业病名称、程度（期别）；

（三）鉴定时间。

鉴定书加盖职业病诊断鉴定委员会印章。

首次鉴定的职业病鉴定书一式四份，劳动者、用人单位、原诊断机构各一份，职业病鉴定办事机构存档一份；再次鉴定的职业病鉴定书一式五份，劳动者、用人单位、原诊断机构、首次职业病鉴定办事机构各一份，再次职业病鉴定办事机构存档一份。

职业病鉴定书的格式由卫生部统一规定。

第四十九条 职业病鉴定书应当于鉴定结论作出之日起二十日内由职业病鉴定办事机构送达当事人。

第五十条 鉴定结论与诊断结论或者首次鉴定结论不一致的，职业病鉴定办事机构应当及时向相关卫生行政部门和安全生产监督管理部门报告。

第五十一条 职业病鉴定办事机构应当如实记录职业病鉴定过程，内容应当包括：

（一）专家组的组成；

（二）鉴定时间；

（三）鉴定所用资料；

（四）鉴定专家的发言及其鉴定意见；

（五）表决情况；

（六）经鉴定专家签字的鉴定结论；

（七）与鉴定有关的其他资料。

有当事人陈述和申辩的，应当如实记录。

鉴定结束后，鉴定记录应当随同职业病鉴定书一并由职业病鉴定办事机构存档，永久保存。

第五章　监督管理

第五十二条　县级以上地方卫生行政部门应当制定职业病诊断机构年度监督检查计划，定期对职业病诊断机构进行监督检查，检查内容包括：

（一）法律法规、标准的执行情况；

（二）规章制度建立情况；

（三）人员、岗位职责落实和培训等情况；

（四）职业病报告情况等。

省级卫生行政部门每年应当至少组织一次监督检查；设区的市级卫生行政部门每年应当至少组织一次监督检查并不定期抽查；县级卫生行政部门负责日常监督检查。

第五十三条　设区的市级以上地方卫生行政部门应当加强对职业病鉴定办事机构的监督管理，对职业病鉴定工作程序、制度落实情况及职业病报告等相关工作情况进行监督检查。

第五十四条　省级卫生行政部门负责对职业病诊断机构进行定期考核。

第六章　法律责任

第五十五条　医疗卫生机构未经批准擅自从事职业病诊断的，由县级以上地方卫生行政部门按照《职业病防治法》第八十条的规定进行处罚。

第五十六条　职业病诊断机构有下列行为之一的，由县级以上地方卫生行政部门按照《职业病防治法》第八十一条的规定进行处罚：

（一）超出批准范围从事职业病诊断的；

（二）不按照《职业病防治法》规定履行法定职责的；

（三）出具虚假证明文件的。

第五十七条 职业病诊断机构未按照规定报告职业病、疑似职业病的，由县级以上地方卫生行政部门按照《职业病防治法》第七十五条的规定进行处罚。

第五十八条 职业病诊断机构违反本办法规定，有下列情形之一的，由县级以上地方卫生行政部门责令限期改正；逾期不改正的，给予警告，并可以根据情节轻重处以二万元以下的罚款：

（一）未建立职业病诊断管理制度的；

（二）不按照规定向劳动者公开职业病诊断程序的；

（三）泄露劳动者涉及个人隐私的有关信息、资料的；

（四）其他违反本办法的行为。

第五十九条 职业病诊断鉴定委员会组成人员收受职业病诊断争议当事人的财物或者其他好处的，由省级卫生行政部门按照《职业病防治法》第八十二条的规定进行处罚。

第六十条 县级以上地方卫生行政部门及其工作人员未依法履行职责，按照《职业病防治法》第八十五条第二款的规定进行处理。

第七章 附 则

第六十一条 职业病诊断、鉴定的费用由用人单位承担。

第六十二条 本办法由卫生部解释。

第六十三条 本办法自 2013 年 4 月 10 日起施行。2002 年 3 月 28 日卫生部公布的《职业病诊断与鉴定管理办法》同时废止。

附 录

用人单位职业病危害因素
定期检测管理规范

国家安全监管总局办公厅关于印发用人单位
职业病危害因素定期检测管理规范的通知
安监总厅安健〔2015〕16号

各省、自治区、直辖市及新疆生产建设兵团安全生产监督管理局，有关中央企业：

为进一步加强和规范用人单位职业病危害因素定期检测工作，依据《中华人民共和国职业病防治法》和《工作场所职业卫生监督管理规定》（国家安全监管总局令第47号），国家安全监管总局研究制定了《用人单位职业病危害因素定期检测管理规范》（以下简称《规范》），现印发给你们，请认真贯彻执行。

一、充分认识做好职业病危害因素定期检测工作的重要意义。职业病危害因素定期检测是用人单位必须履行的法定义务。开展职业病危害因素定期检测，有利于用人单位及时掌握其工作场所职业病危害因素的种类及危害程度，采取有针对性的防控措施保护劳动者职业健康。各级安全监管部门和相关用人单位要高度重视职业病危害因素定期检测工作，采取行之有效的举措，切实抓好《规范》

的贯彻落实。

二、认真组织用人单位学习和落实《规范》。各级安全监管部门要把宣传好《规范》作为当前一项重点工作,有计划、有步骤地组织辖区所有存在职业病危害的用人单位认真学习《规范》内容,把握其核心要求。同时要组织辖区内职业病危害严重行业领域的用人单位对照《规范》要求,全面自查职业病危害因素定期检测工作,查找出的问题要认真整改。

三、加强对《规范》落实情况的监督检查。各级安全监管部门要在用人单位自查基础上,结合目前正在开展的用人单位职业卫生基础建设活动组织一次专项检查,督促用人单位落实《规范》各项要求,确保实现《国家职业病防治规划(2009—2015年)》提出的工作场所职业病危害因素监测率达到70%以上的规划目标。国家安全监管总局将适时组织对《规范》落实情况进行检查。

四、严厉查处职业卫生技术服务机构违法违规行为。各地区在对用人单位监督检查过程中,发现职业卫生技术服务机构未按照本《规范》和有关采样检测要求进行采样检测,或出具虚假检测报告的,要依法予以查处;情节严重的,由资质认可机关依法取消其资质。

安全监管总局办公厅
2015年2月28日

第一条 为了加强和规范用人单位职业病危害因素定期检测工作,及时有效地预防、控制和消除职业病危害,保护劳动者职业健康权益,依据《中华人民共和国职业病防治法》(以下简称《职业病防治法》)和《工作场所职业卫生监督管理规定》(国家安全监管总局令第47号),制定本规范。

第二条 产生职业病危害的用人单位对其工作场所进行职业病危害因素定期检测及其管理,适用本规范。

第三条 职业病危害因素定期检测是指用人单位定期委托具备资质的职业卫生技术服务机构对其产生职业病危害的工作场所进行的检测。

本规范所指职业病危害因素是指《职业病危害因素分类目录》中所列危害因素以及国家职业卫生标准中有职业接触限值及检测方法的危害因素。

第四条 用人单位应当建立职业病危害因素定期检测制度,每年至少委托具备资质的职业卫生技术服务机构对其存在职业病危害因素的工作场所进行一次全面检测。法律法规另有规定的,按其规定执行。

第五条 用人单位应当将职业病危害因素定期检测工作纳入年度职业病防治计划和实施方案,明确责任部门或责任人,所需检测费用纳入年度经费预算予以保障。

第六条 用人单位应当建立职业病危害因素定期检测档案,并纳入其职业卫生档案体系。

第七条 用人单位在与职业卫生技术服务机构签订定期检测合同前,应当对职业卫生技术服务机构的资质、计量认证范围等事项进行核对,并将相关资质证书复印存档。

定期检测范围应当包含用人单位产生职业病危害的全部工作场所,用人单位不得要求职业卫生技术服务机构仅对部分职业病危害因素或部分工作场所进行指定检测。

第八条 用人单位与职业卫生技术服务机构签订委托协议后,应将其生产工艺流程、产生职业病危害的原辅材料和设备、职业病防护设施、劳动工作制度等与检测有关的情况告知职业卫生技术服务机构。

用人单位应当在确保正常生产的状况下，配合职业卫生技术服务机构做好采样前的现场调查和工作日写实工作，并由陪同人员在技术服务机构现场记录表上签字确认。

第九条 职业卫生技术服务机构对用人单位工作场所进行现场调查后，结合用人单位提供的相关材料，制定现场采样和检测计划，用人单位主要负责人按照国家有关采样规范确认无误后，应当在现场采样和检测计划上签字。

第十条 职业卫生技术服务机构在进行现场采样检测时，用人单位应当保证生产过程处于正常状态，不得故意减少生产负荷或停产、停机。用人单位因故需要停产、停机或减负运行的，应当及时通知技术服务机构变更现场采样和检测计划。

用人单位应当对技术服务机构现场采样检测过程进行拍照或摄像留证。

第十一条 采样检测结束时，用人单位陪同人员应当对现场采样检测记录进行确认并签字。

第十二条 用人单位与职业卫生技术服务机构应当互相监督，保证采样检测符合以下要求：

（一）采用定点采样时，选择空气中有害物质浓度最高、劳动者接触时间最长的工作地点采样；采用个体采样时，选择接触有害物质浓度最高和接触时间最长的劳动者采样；

（二）空气中有害物质浓度随季节发生变化的工作场所，选择空气中有害物质浓度最高的时节为重点采样时段；同时风速、风向、温度、湿度等气象条件应满足采样要求；

（三）在工作周内，应当将有害物质浓度最高的工作日选择为重点采样日；在工作日内，应当将有害物质浓度最高的时段选择为重点采样时段；

（四）高温测量时，对于常年从事接触高温作业的，测量夏季最热月份湿球黑球温度；不定期接触高温作业的，测量工期内最热月份湿球黑球温度；从事室外作业的，测量夏季最热月份晴天有太阳辐射时湿球黑球温度。

第十三条 用人单位在委托职业卫生技术服务机构进行定期检测过程中不得有下列行为：

（一）委托不具备相应资质的职业卫生技术服务机构检测；

（二）隐瞒生产所使用的原辅材料成分及用量、生产工艺与布局等有关情况；

（三）要求职业卫生技术服务机构在异常气象条件、减少生产负荷、开工时间不足等不能反映真实结果的状态下进行采样检测；

（四）要求职业卫生技术服务机构更改采样检测数据；

（五）要求职业卫生技术服务机构对指定地点或指定职业病危害因素进行采样检测；

（六）以拒付少付检测费用等不正当手段干扰职业卫生技术服务机构正常采样检测工作；

（七）妨碍正常采样检测工作，影响检测结果真实性的其他行为。

第十四条 用人单位应当要求职业卫生技术服务机构及时提供定期检测报告，定期检测报告经用人单位主要负责人审阅签字后归档。

在收到定期检测报告后一个月之内，用人单位应当将定期检测结果向所在地安全生产监督管理部门报告。

第十五条 定期检测结果中职业病危害因素浓度或强度超过职业接触限值的，职业卫生技术服务机构应提出相应整改建议。用人单位应结合本单位的实际情况，制定切实有效的整改方案，立即进行整改。整改落实情况应有明确的记录并存入职业卫生档案备查。

第十六条 用人单位应当及时在工作场所公告栏向劳动者公布定期检测结果和相应的防护措施。

第十七条 安全生产监管部门应当加强对用人单位职业病危害因素定期检测工作的监督检查。发现用人单位违反本规范的，依据《职业病防治法》、《工作场所职业卫生监督管理规定》等法律法规及规章的规定予以处罚。

第十八条 本规范未规定的其他有关事项，依照《职业病防治法》和其他有关法律法规规章及职业卫生标准的规定执行。

劳动能力鉴定职工工伤与职业病致残等级

(国家标准 GB/T16180—2014，2014年9月3日发布)

前　言

本标准按照 GB/T1.1—2009 给出的规则起草。

本标准代替 GB/T16180—2006《劳动能力鉴定职工工伤与职业病致残等级》，与 GB/T16180—2006 相比，主要技术变化如下：

——将总则中的分级原则写入相应等级标准头条；

——对总则中4.1.4护理依赖的分级进一步予以明确；

——删除总则4.1.5心理障碍的描述；

——将附录中有明确定义的内容直接写进标准条款；

——在具体条款中取消年龄和是否生育的表述；

——附录 B 中增加手、足功能缺损评估参考图表；

——附录 A 中增加视力减弱补偿率的使用说明；

——对附录中外伤性椎间盘突出症的诊断要求做了调整；

——完善了对癫痫和智能障碍的综合评判要求；

——归并胸、腹腔脏器损伤部分条款；

——增加系统治疗的界定；

——增加四肢长管状骨的界定；

——增加了脊椎骨折的分型界定；

——增加了关节功能障碍的量化判定基准；

——增加"髌骨、跟骨、距骨、下颌骨或骨盆骨折内固定术后"条款；

——增加"四肢长管状骨骨折内固定术或外固定支架术后"条款；

——增加"四肢大关节肌腱及韧带撕裂伤术后遗留轻度功能障碍"条款；

——完善、调整或删除了部分不规范、不合理甚至矛盾的条款；

——取消了部分条款后缀中易造成歧义的"无功能障碍"表述；

——伤残条目由572条调整为530条。

本标准由中华人民共和国人力资源和社会保障部提出。

本标准由中华人民共和国人力资源和社会保障部归口。

本标准起草单位：上海市劳动能力鉴定中心。

本标准主要起草人：（略）

本标准所代替标准的历次版本发布情况为：

——GB/T16180—1996. GB/T16180—2006。

1. 范围

本标准规定了职工工伤致残劳动能力鉴定原则和分级标准。

本标准适用于职工在职业活动中因工负伤和因职业病致残程度的鉴定。

2. 规范性引用文件

下列文件中的条款通过本标准的引用而成为本标准的条款。凡是注日期的引用文件，仅注日期的版本适用于本文件。凡是不注日期的引用文件，其最新版本（包括所有修改单）适用于本标准。

GB/T4854（所有部分）声学校准测听设备的的基准零级

GB/T7341（所有部分）听力计

GB/T7582—2004 声学听阈与年龄关系的统计分布

GB/T7583 声学纯音气导昕阈测定保护听力用

GB11533 标准对数视力表

GBZ4 职业性慢性二硫化碳中毒诊断标准
GBZ5 职业性氟及无机化合物中毒的诊断
GBZ7 职业性手臂振动病诊断标准
GBZ9 职业性急性电光性眼炎（紫外线角膜结膜炎）诊断
GBZ12 职业性铬鼻病诊断标准
GBZ23 职业性急性一氧化碳中毒诊断标准
GBZ24 职业性减压病诊断标准
GBZ35 职业性白内障诊断标准
GBZ45 职业性三硝基甲苯白内障诊断标准
GBZ49 职业性噪声聋诊断标准
GBZ54 职业性化学性眼灼伤诊断标准
GBZ57 职业性哮喘病诊断标准
GBZ60 职业性过敏性肺炎诊断标准
GBZ61 职业性牙酸蚀病诊断标
GBZ70 尘肺病诊断标准
GBZ81 职业性磷中毒诊断标准
GBZ82 职业性煤矿井下工人滑囊炎诊断标准
GBZ83 职业性慢性砷中毒诊断标准
GBZ94 职业性肿瘤诊断标准
GBZ95 放射性白内障诊断标准
GBZ96 内照射放射病诊断标准
GBZ97 放射性肿瘤诊断标准
GBZ101 放射性甲状腺诊断标准
GBZ104 外照射急性放射病诊断标准
GBZ105 外照射慢性放射病诊断标准
GBZ106 放射性皮肤疾病诊断标准
GBZ107 放射性性腺疾病诊断标准

GBZ109 放射性膀胱疾病诊断标准

GBZ110 急性放射性肺炎诊断标准

GBZ/T238 职业性爆震聋的诊断

3. 术语和定义

下列术语和定义适用于本文件。

3.1 劳动能力鉴定

法定机构对劳动者在职业活动中因工负伤或患职业病后，根据国家工伤保险法规规定，在评定伤残等级时通过医学检查对劳动功能障碍程度（伤残程度）和生活自理障碍程度做出的技术性鉴定结论。

3.2 医疗依赖

工伤致残于评定伤残等级技术鉴定后仍不能脱离治疗。

3.3 生活自理障碍

工伤致残者因生活不能自理，需依赖他人护理。

4. 总则

4.1 判断依据

4.1.1 综合判定

依据工伤致残者于评定伤残等级技术鉴定时的器官损伤、功能障碍及其对医疗与日常生活护理的依赖程度，适当考虑由于伤残引起的社会心理因素影响，对伤残程度进行综合判定分级。

4.1.2 器官损伤

器官损伤是工伤的直接后果，但职业病不一定有器官缺损。

4.1.3 功能障碍

工伤后功能障碍的程度与器官缺损的部位及严重程度有关，职业病所致的器官功能障碍与疾病的严重程度相关。对功能障碍的判定，应以评定伤残等级技术鉴定时的医疗检查结果为依据，根据评残对象逐个确定。

4.1.4 医疗依赖

医疗依赖判定分级：

a) 特殊医疗依赖是指工伤致残后必须终身接受特殊药物、特殊医疗设备或装置进行治疗；

b) 一般医疗依赖是指工伤致残后仍需接受长期或终身药物治疗。

4.1.5 生活自理障碍

生活自理范围主要包括下列五项：

a) 进食：完全不能自主进食，需依赖他人帮助；

b) 翻身：不能自主翻身；

c) 大、小便：不能自主行动，排大小便需要他人帮助；

d) 穿衣、洗漱：不能自己穿衣、洗漱，完全依赖他人帮助；

e) 自主行动：不能自主走动。

护理依赖的程度分三级：

a) 完全生活自理障碍：生活完全不能自理，上述五项均需护理；

b) 大部分生活自理障碍：生活大部不能自理，上述五项中三项或四项需要护理；

c) 部分生活自理障碍：部分生活不能自理，上述五项中一项或两项需要护理。

4.2 晋级原则

晋级原则

对于同一器官或系统多处损伤，或一个以上器官不同部位同时受到损伤者，应先对单项伤残程度进行鉴定。如果几项伤残等级不同，以重者定级；如果两项及以上等级相同，最多晋升一级。

4.3 对原有伤残及合并症的处理

在劳动能力鉴定过程中，工伤或职业病后出现合并症，其致残等级的评定以鉴定时实际的致残结局为依据。

如受工伤损害的器官原有伤残或疾病史，即：单个或双器官（如双眼、四肢、肾脏）或系统损伤，本次鉴定时应检查本次伤情是否加重原有伤残，如若加重原有伤残，鉴定时按事实的致残结局为依据；若本次伤情轻于原有伤残，鉴定时则按本次伤情致残结局为依据。

对原有伤残的处理适用于初次或再次鉴定，复查鉴定不适用于本规则。

4.4 门类划分

按照临床医学分科和各学科间相互关联的原则，对残情的判定划分为五个门类。

　　a）神经内科、神经外科、精神科门。
　　b）骨科、整形外科、烧伤科门。
　　c）眼科、耳鼻喉科、口腔科门。
　　d）普外科、胸外科、泌尿生殖科门。
　　e）职业病内科门。

4.5 条目划分

按照4.4中的五个门类，以附录C中表C.1—C.5及一至十级分级系列，根据伤残的类别和残情的程度划分伤残条目，共列出残情530条。

4.6 等级划分

根据条目划分原则以及工伤致残程度，综合考虑各门类间的平衡，将残情级别分为一至十级。最重为第一级，最轻为第十级。对未列出的个别伤残情况，参照本标准中相应定级原则进行等级评定。

5. 职工工伤与职业病致残等级分级

5.1 一级

5.1.1 定级原则

器官缺失或功能完全丧失，其他器官不能代偿，存在特殊医疗依赖，或完全或大部分或部分生活自理障碍。

5.1.2 一级条款系列

凡符合 5.1.1 或下列条款之一者均为工伤一级

1）极重度智能损伤；

2）四肢瘫肌力≤3级或三肢瘫肌力≤2级；

3）重度非肢体瘫运动障碍；

4）面部重度毁容，同时伴有表 C.2 中二级伤残之一者；

5）全身重度瘢痕形成，占体表面积≥90%，伴有脊柱及四肢大关节活动功能基本丧失；

6）双肘关节以上缺失或功能完全丧失；

7）双下肢膝以上缺失及一上肢肘上缺失；

8）双下肢及一上肢严重瘢痕畸形，功能完全丧失

9）双眼无光感或仅有光感但光定位不准者；

10）肺功能重度损伤和呼吸困难Ⅳ级，需终生依赖机械通气；

11）双肺或心肺联合移植术；

12）小肠切除≥90%；

13）肝切除后原位肝移植；

14）胆道损伤原位肝移植；

15）全胰切除；

16）双侧肾切除或孤肾切除术后，用透析维持或同种肾移植术后肾功能不全尿毒症期；

17））尘肺叁期伴肺功能重度损伤及（或）重度低氧血症[Po_2<5.3kPa（<40mmHg）]；

18 其他职业性肺部疾患，伴肺功能重度损伤及（或）重度低氧血症[PO_2<5.3kPa（<40mmHg）]；

19）放射性肺炎后，两叶以上肺纤维化伴重度低氧血症[Po_2<

5.3kPa（<40mmHg）］；

20）职业性肺癌伴肺功能重度损伤；

21）职业性肝血管肉瘤，重度肝功能损害；

22）肝硬化伴食道静脉破裂出血，肝功能重度损害；

23）肾功能不全尿毒症期，内生肌酐清除率持续<10mL/min，或血浆肌酐水平持续>707μmol/L（8mg/dL）。

5.2 二级

5.2.1 定级原则

器官严重缺损或畸形，有严重功能障碍或并发症，存在特殊医疗依赖，或大部分或部分生活自理障碍。

5.2.2 二级条款系列

凡符合5.2.1或下列条款之一者均为工伤二级。

1）重度智能损伤；

2）三肢瘫肌力3级；

3）偏瘫肌力≤2级；

4）截瘫肌力≤2级；

5）双手全肌瘫肌力≤2级；

6）完全感觉性或混合性失语；

7）全身重度瘢痕形成，占体表面积≥80%，伴有四肢大关节中3个以上活动功能受限；

8）全面部瘢痕痕或植皮伴有重度毁容；

9）双侧前臂缺失或双手功能完全丧失；

10）双下肢瘢痕畸形，功能完全丧失；

11）双膝以上缺失；

12）双膝、双踝关节功能完全丧失；

13）同侧上、下肢缺失或功能完全丧失；

14）四肢大关节（肩、髋、膝、肘）中四个以上关节功能完全

丧失者;

15) 一眼有或无光感,另眼矫正视力≤0.02,或视野≤8%(或半径≤5°);

16) 无吞咽功能,完全依赖胃管进食;

17) 双侧上颌骨或双侧下颌骨完全缺损;

18) 一侧上颌骨及对侧下颌骨完全缺损,并伴有颜面软组织损伤>30cm²;

19) 一侧全肺切除并胸廓成形术,呼吸困难Ⅲ级;

20) 心功能不全三级;

21) 食管闭锁或损伤后无法行食管重建术,依赖胃造瘘或空肠造瘘进食;

22) 小肠切除3/4,合并短肠综合症;

23) 肝切除3/4,并肝功能重度损害;

24) 肝外伤后发生门脉高压三联症或发生Budd-chiari综合征;

25) 胆道损伤致肝功能重度损害;

26) 胰次全切除,胰腺移植术后;

27) 孤肾部分切除后,肾功能不全失代偿期;

28) 肺功能重度损伤及(或)重度低氧血症;

29) 尘肺叁期伴肺功能中度损伤及(或)中度低氧血症;

30) 尘肺贰期伴肺功能重度损伤及/或重度低氧血症[Po_2<5.3kPa(40mmHg)];;

31) 尘肺叁期伴活动性肺结核;

32) 职业性肺癌或胸膜间皮瘤;

33) 职业性急性白血病;

34) 急性重型再生障碍性贫血;

35) 慢性重度中毒性肝病;

36) 肝血管肉瘤;

37）肾功能不全尿毒症期，内生肌酐清除率<25mL/min 或血浆肌酐水平持续>450μmol/L（5mg/dL）；

38）职业性膀胱癌；

39）放射性肿瘤。

5.3 三级

5.3.1 定级原则

器官严重缺损或畸形，有严重功能障碍或并发症，存在特殊医疗依赖，或部分生活自理障碍。

5.3.2 三级条款系列

凡符合5.3.1或下列条款之一者均为工伤三级。

1）精神病性症状，经系统治疗1年后仍表现为危险或冲动行为者；

2）精神病性症状，经系统治疗1年后仍缺乏生活自理能力者；

3）偏瘫肌力3级；

4）截瘫肌力3级；

5）双足全肌瘫肌力≤2级；

6）中度非肢体瘫运动障碍；

7）完全性失用、失写、失读、失认等具有两项及两项以上者；

8）全身重度瘢痕形成，占体表面积≥70%，伴有四肢大关节中2个以上活动功能受限；

9）面部瘢痕或植皮≥2/3并有中度毁容；

10）一手缺失，另一手拇指缺失；

11）双手拇、食指缺失或功能完全丧失；

12）一手功能完全丧失，另一手拇指功能丧失；

13）双髋、双膝关节中，有一个关节缺失或无功能及另一关节重度功能障碍；

14）双膝以下缺失或功能完全丧失；

15）一侧髋、膝关节畸形，功能完全丧失；

16）非同侧腕上、踝上缺失；

17）非同侧上、下肢瘢痕畸形，功能完全丧失；

18）一眼有或无光感，另眼矫正视力≤0.05或视野≤16%（半径≤10°）；

19）双眼矫正视力<0.05或视野≤16%（半径≤10°）；

20）一侧眼球摘除或眼内容物剜出，另眼矫正视力<0.1或视野≤24%（或半径≤15°）；

21）呼吸完全依赖气管套管或造口；

22）喉或气管损伤导致静止状态下或仅轻微活动即有呼吸困难；

23）同侧上、下颌骨完全缺损；

24）一侧上颌骨或下颌骨完全缺损，伴颜面部软组织损伤/>30cm^2；

25）舌缺损>全舌的2/3；

26）一侧全肺切除并胸廓成形术；

27）一侧胸廓成形术，肋骨切除6根以上；

28）一侧全肺切除并隆凸切除成形术；

29）一侧全肺切除并大血管重建术；

30）Ⅲ度房室传导阻滞；

31）肝切除2/3，并肝功能中度损害；

32）胰次全切除，胰岛素依赖；

33）一侧肾切除，对侧肾功能不全失代偿期；

34）双侧输尿管狭窄，肾功能不全失代偿期；

35）永久性输尿管腹壁造瘘；

36）膀胱全切除；

37）尘肺叁期；

38）尘肺贰期伴肺功能中度损伤及（或）中度低氧血症；

39）尘肺贰期合并活动性肺结核；

40）放射性肺炎后两叶肺纤维化，伴肺功能中度损伤及（或）中度低氧血症；

41）粒细胞缺乏症；

42）再生障碍性贫血；

43）职业性慢性白血病；

44）中毒性血液病，骨髓增生异常综合征；

45）中毒性血液病，严重出血或血小板含量≤2×1010/L；

46）砷性皮肤癌；

47）放射性皮肤癌。

5.4 四级

5.4.1 定级原则

器官严重缺损或畸形，有严重功能障碍或并发症，存在特殊医疗依赖，或部分生活自理障碍或无生活自理障碍。

5.4.2 四级条款系列

凡符合5.4.1或下列条款之一者均为工伤四级。

1）中度智能损伤；

2）重度癫痫；

3）精神病性症，经系统治疗1年后仍缺乏社交能力者；

4）单肢瘫肌力≤2级；

5）双手部分肌瘫肌力≤2级；

6）脑脊液漏伴有颅底骨缺损不能修复或反复手术失败；

7）面部中度毁容；

8）全身瘢痕面积≥60%，四肢大关节中1个关节活动功能受限；

9）面部瘢痕或植皮≥1/2并有轻度毁容；

10) 双拇指完全缺失或功能完全丧失；
11) 一侧手功能完全丧失，另一手部分功能丧失；
12) 一侧肘上缺失；
13) 一侧膝以下缺失，另一侧前足缺失；
14) 一侧膝以上缺失；
15) 一侧踝以下缺失，另一足畸形行走困难；
16) 一眼有或无光感，另眼矫正视力<0.2或视野≤32%（或半径≤20°）；
17) 一眼矫正视力<0.05，另眼矫正视力≤0.1；
18) 双眼矫正视力<0.1或视野≤32%（或半径≤20°）；
19) 双耳听力损失≥91dB；
20) 牙关紧闭或因食管狭窄只能进流食；
21) 一侧上颌骨缺损1/2，伴颜面部软组织损伤>20cm²；
22) 下颌骨缺损长6cm以上的区段，伴口腔、颜面软组织损伤>20cm²；
23) 双侧颞下颌关节骨性强直，完全不能张口；
24) 面颊部洞穿性缺损>20cm²；
25) 双侧完全性面瘫；
26) 一侧全肺切除术；
27) 双侧肺叶切除术；
28) 肺叶切除后并胸廓成形术后；
29) 肺叶切除并隆凸切除成形术后；
30) 一侧肺移植术；
31) 心瓣膜置换术后；
32) 心功能不全二级；
33) 食管重建术后吻合口狭窄，仅能进流食者；
34) 全胃切除；

35）胰头、十二指肠切除；

36）小肠切除 3/4；

37）小肠切除 2/3，包括回盲部切除；

38）全结肠、直肠、肛门切除，回肠造瘘；

39）外伤后肛门排便重度障碍或失禁；

40）肝切除 2/3；

41）肝切除 1/2，肝功能轻度损害；

42）胆道损伤致肝功能中度损害；

43）甲状腺功能重度损害；

44）肾修补术后，肾功能不全失代偿期；

45）输尿管修补术后，肾功能不全失代偿期；

46）永久性膀胱造瘘；

47）重度排尿障碍；

48）神经原性膀胱，残余尿≥50mL；

49）双侧肾上腺缺损；

50）尘肺贰期；

51）尘肺壹期伴肺功能中度损伤或中度低氧血症；

52）尘肺壹期伴活动性肺结核；

53）病态窦房结综合征（需安装起搏器者）；

54）肾上腺皮质功能明显减退；

55）放射性损伤致免疫功能明显减退。

5.5 五级

5.5.1 定级原则

器官大部缺损或明显畸形，有较重功能障碍或并发症，存在一般医疗依赖，无生活自理障碍。

5.5.2 五级条款系列

凡符合 5.5.1 或下列条款之一者均为工伤五级。

1) 四肢瘫肌力 4 级；
2) 单肢瘫肌力 3 级；
3) 双手部分肌瘫肌力 3 级；
4) 一手全肌瘫肌力 ≤2 级；
5) 双足全肌瘫肌力 3 级；
6) 完全运动性失语；
7) 完全性失用、失写、失读、失认等具有一项者；
8) 不完全性失用、失写、失读、失认等具有多项者；
9) 全身瘢痕占体表面积 ≥50%，并有关节活动功能受限；
10) 面部瘢痕或植皮 ≥1/3 并有毁容标准之一项；
11) 脊柱骨折后遗 30°以上侧弯或后凸畸形，伴严重根性神经痛；
12) 一侧前臂缺失；
13) 一手功能完全丧失；
14) 肩、肘、腕关节之一功能完全丧失；
15) 一手拇指缺失，另一手除拇指外三指缺失；
16) 一手拇指功能完全丧失，另一手除拇指外三指功能完全丧失；
17) 双前足缺失或双前足瘢痕畸形，功能完全丧失；
18) 双跟骨足底软组织缺损瘢痕形成，反复破溃；
19) 一髋（或一膝）功能完全丧失；
20) 四肢大关节之一人工关节术后遗留重度功能障碍；
21) 一侧膝以下缺失；
22) 第Ⅲ对脑神经麻痹；
23) 双眼外伤性青光眼术后，需用药物维持眼压者；
24) 一眼有或无光感；另眼矫正视力 ≤0.3 或视野 ≤40%（或半径 ≤25°）；

25）一眼矫正视力<0.05，另眼矫正视力≤0.2；

26）一眼矫正视力<0.1，另眼矫正视力等于0.1；

27）双眼视野≤40%（或半径≤25°）；

28）双耳听力损失≥81dB；

29）喉或气管损伤导致一般活动及轻工作时有呼吸困难；

30）吞咽困难，仅能进半流食；

31）双侧喉返神经损伤，喉保护功能丧失致饮食呛咳、误吸；

32）一侧上颌骨缺损>1/4，但<1/2，伴软组织损伤>10cm²，但<20cm²；

33）下颌骨缺损长4cm以上的区段，伴口腔、颜面软组织损伤>10cm²；

34）一侧完全面瘫，另一侧不完全面瘫；

35）双肺叶切除术；

36）肺叶切除术并大血管重建术；

37）隆凸切除成形术；

38）食管重建术后吻合口狭窄，仅能进半流食者；

39）食管气管（或支气管）瘘；

40）食管胸膜瘘；

41）胃切除3/4；

42）小肠切除2/3，包括回肠大部；

43）直肠、肛门切除，结肠部分切除，结肠造瘘；

44）肝切除1/2；

45）胰切除2/3；

46）甲状腺功能重度损害；

47）一侧肾切除，对侧肾功能不全代偿期；

48）一侧输尿管狭窄，肾功能不全代偿期；

49）尿道瘘不能修复者；

50）两侧睾丸、副睾丸缺损；

51）放射性损伤致生殖功能重度损伤；

52）阴茎全缺损；

53）双侧卵巢切除；

54）阴道闭锁；

55）会阴部瘢痕挛缩伴有阴道或尿道或肛门狭窄；

56）肺功能中度损伤；

57）莫氏Ⅱ型Ⅱ度房室传导阻滞；

58）病态窦房结综合征（不需安起博器者）；

59）中毒性血液病，血小板减少（$\leq 4\times 10^{10}/L$）并有出血倾向；

60）中毒性血液病，白细胞含量持续$<3\times 10^9/L$（$<3000/mm^3$）或粒细胞含量$<1.5\times 10^9/L$（$1500/mm^3$）；

61）慢性中度中毒性肝病；

62）肾功能不全失代偿期，内生肌酐清除率持续$<50mL/min$或血浆肌酐水平持续$>177\mu mol/L$（$>2mg/dL$）；

63）放射性损伤致睾丸萎缩；

64）慢性重度磷中毒；

65）重度手臂振动病。

5.6 六级

5.6.1 定级原则

器官大部缺损或明显畸形，有中等功能障碍或并发症，存在一般医疗依赖，无生活自理障碍。

5.6.2 六级条款系列

凡符合5.6.1或下列条款之一者均为工伤六级。

1）癫痫中度；

2）轻度智能损伤；

3）精神病性症状，经系统治疗1年后仍影响职业劳动能力者；
4）三肢瘫肌力4级；
5）截瘫双下肢肌力4级伴轻度排尿障碍；
6）双手全肌瘫肌力4级；
7）一手全肌瘫肌力3级；
8）双足部分肌瘫肌力≤2级；
9）单足全肌瘫肌力≤2级；
10）轻度非肢体瘫运动障碍；
11）不完全性感觉性失语；
12）面部重度异物色素沉着或脱失；
13）面部瘢痕或植皮≥1/3；
14）全身瘢痕面积≥40%；
15）撕脱伤后头皮缺失1/5以上；
16）一手一拇指完全缺失，连同另一手非拇指二指缺失；
17）一拇指功能完全丧失，另一手除拇指外有二指功能完全丧失；
18）一手三指（含拇指）缺失；
19）除拇指外其余四指缺失或功能完全丧失；
20）一侧踝以下缺失；或踝关节畸形，功能完全丧失；
21）下肢骨折成角畸形>15°，并有肢体短缩4cm以上；
22）一前足缺失，另一足仅残留拇趾；
23）一前足缺失，另一足除拇趾外，2—5趾畸形，功能完全丧失；
24）一足功能完全丧失，另一足部分功能丧失；
25）一髋或一膝关节功能重度障碍；
26）单侧跟骨足底软组织缺损瘢痕形成，反复破溃；
27）一侧眼球摘除；或一侧眼球明显萎缩，无光感；

28) 一眼有或无光感，另一眼矫正视力≥0.4；

29) 一眼矫正视力≤0.05，另一眼矫正视力≥0.3；

30) 一眼矫正视力≤0.1，另一眼矫正视力≥0.2；

31) 双眼矫正视力≤0.2或视野≤48%（或半径≤30°）；

32) 第Ⅳ或第Ⅵ对脑神经麻痹，或眼外肌损伤致复视的；

33) 双耳听力损失≥71dB；

34) 双侧前庭功能丧失，睁眼行走困难，不能并足站立；

35) 单侧或双侧颞下颌关节强直，张口困难Ⅲ度；

36) 一侧上颌骨缺损1/4，伴口腔、颜面软组织损伤>10cm^2；

37) 面部软组织缺损>20cm^2，伴发涎瘘；

38) 舌缺损>1/3，但<2/3；

39) 双侧颧骨并颧弓骨折，伴有开口困难Ⅱ度以上及颜面部畸形经手术复位者；

40) 双侧下颌骨髁状突颈部骨折，伴有开口困难Ⅱ度以上及咬合关系改变，经手术治疗者；

41) 一侧完全性面瘫；

42) 肺叶切除并肺段或楔形切除术；

43) 肺叶切除并支气管成形术后；

44) 支气管（或气管）胸膜瘘；

45) 冠状动脉旁路移植术；

46) 大血管重建术；

47) 胃切除2/3；

48) 小肠切除1/2，包括回盲部；

49) 肛门外伤后排便轻度障碍或失禁；

50) 肝切除1/3；

51) 胆道损伤致肝功能轻度损伤；

52) 腹壁缺损面积≥腹壁的1/4；

53) 胰切除 1/2；

54) 甲状腺功能中度损害；

55) 甲状旁腺功能中度损害；

56) 肾损伤性高血压；

57) 尿道狭窄经系统治疗 1 年后仍需定期行扩张术；

58) 膀胱部分切除合并轻度排尿障碍；

59) 两侧睾丸创伤后萎缩，血睾酮低于正常值；

60) 放射性损伤致生殖功能轻度损伤；

61) 双侧输精管缺损，不能修复；

62) 阴茎部分缺损；

63) 女性双侧乳房完全缺损或严重瘢痕畸形；

64) 子宫切除；

65) 双侧输卵管切除；

66) 尘肺壹期伴肺功能轻度损伤及（或）轻度低氧血症；

67) 放射性肺炎后肺纤维化（<两叶），伴肺功能轻度损伤及（或）轻度低氧血症；

68) 其他职业性肺部疾患，伴肺功能轻度损伤；

69) 白血病完全缓解；

70) 中毒性肾病，持续性低分子蛋白尿伴白蛋白尿；

71) 中毒性肾病，肾小管浓缩功能减退；

72) 放射性损伤致肾上腺皮质功能轻度减退；

73) 放射性损伤致甲状腺功能低下；

74) 减压性骨坏死Ⅲ期；

75) 中度手臂振动病；

76) 氟及无机化合物中毒性慢性重度中毒。

5.7 七级

5.7.1 定级原则

器官大部分缺损或畸形，有轻度功能障碍或并发症，存在一般医疗依赖，无生活自理障碍。

5.7.2 七级条款系列

凡符合 5.7.1 或下列条款之一者均为工伤七级。

1) 偏瘫肌力 4 级；

2) 截瘫肌力 4 级；

3) 单手部分肌瘫肌力 3 级；

4) 双足部分肌瘫肌力 3 级；

5) 单足全肌瘫肌力 3 级；

6) 中毒性周围神经病重度感觉障碍；

7) 人格改变或边缘智能，经系统治疗 1 年后仍存在明显社会功能受损者。

8) 不完全性运动失语；

9) 不完全性失用、失写、失读和失认等具有一项者；

10) 符合重度毁容标准之二项者；

11) 烧伤后颅骨全层缺损 ≥ 30cm^2，或在硬脑膜上植皮面积 ≥ 10cm^2；

12) 颈部瘢痕挛缩，影响颈部活动；

13) 全身瘢痕面积 ≥ 30%；

14) 面部瘢痕、异物或植皮伴色素改变占面部的 10% 以上；

15) 骨盆骨折内固定术后，骨盆环不稳定，骶髂关节分离；

15) 骨盆骨折严重移位，症状明显者；

16) 一手除拇指外，其他 2—3 指（含食指）近侧指间关节离断；

17) 一手除拇指外，其他 2—3 指（含食指）近侧指间关节功能丧失；

18) 肩、肘关节之一损伤后遗留关节重度功能障碍；

19) 一腕关节功能完全丧失；

20）一足 1—5 趾缺失；

21）一前足缺失；

22）四肢大关节之一人工关节术后，基本能生活自理；

23）四肢大关节之一关节内骨折导致创伤性关节炎，遗留中重度功能障碍；

24）下肢伤后短缩>2cm，但<4cm 者；

25）膝关节韧带损伤术后关节不稳定，伸屈功能正常者；

26）一眼有或无光感，另眼矫正视力≥0.8；

27）一眼有或无光感，另一眼各种客观检查正常；

28）一眼矫正视力≤0.05，另眼矫正视力≥0.6；

29）一眼矫正视力≤0.1，另跟矫正视力≥0.4；

30）双眼矫正视力≤0.3 或视野≤64%（或半径≤40°）；

31）单眼外伤性青光跟术后，需用药物维持眼压者；

32）双耳听力损失≥56dB；

33）咽成形术后，咽下运动不正常；

34）牙槽骨损伤长度≥8cm，牙齿脱落 10 个及以上；

35）单侧颧骨并颧弓骨折，伴有开口困难Ⅱ度以上及颜面部畸形经手术复位者

36）双侧不完全性面瘫；

37）肺叶切除术；

38）限局性脓胸行部分胸廓成形术；

39）气管部分切除术；

40）食管重建术后伴返流性食管炎；

41）食管外伤或成形术后咽下运动不正常；

42）胃切除 1/2；

43）小肠切除 1/2；

44）结肠大部分切除；

45）肝切除1/4；

46）胆道损伤，胆肠吻合术后；

47）脾切除；

48）胰切除1/3；

49）女性双侧乳房部分缺损；

50）一侧肾切除；

51）膀胱部分切除；

52）轻度排尿障碍；

53）阴道狭窄；

54）尘肺壹期，肺功能正常；

55）放射性肺炎后肺纤维化（<两叶），肺功能正常；

56）轻度低氧血症；

57）心功能不全一级；

58）再生障碍性贫血完全缓解；

59）白细胞减少症，[含量持续$<4×10^9$/L（4000/mm^3）]；

60）中性粒细胞减少症，[含量持续$<2×10^9$/L（2000/mm^3）]

61）慢性轻度中毒性肝病；

62）肾功能不全代偿期，内生肌酐清除率<70mL/min；

63）三度牙酸蚀病。

5.8 八级

5.8.1 定级原则

器官部分缺损，形态异常，轻度功能障碍，存在一般医疗依赖，无生活自理障碍。

5.8.2 八级条款系列

凡符合5.8.1或下列条款之一者均为工伤八级。

1）单肢体瘫肌力4级；

2）单手全肌瘫肌力4级；

3) 双手部分肌瘫肌力4级；
4) 双足部分肌瘫肌力4级；
5) 单足部分肌瘫肌力≤3级；
6) 脑叶部分切除术后；
7) 符合重度毁容标准之一项者；
8) 面部烧伤植皮≥1/5；
9) 面部轻度异物沉着或色素脱失；
10) 双侧耳廓部分或一侧耳廓大部分缺损；
11) 全身瘢痕面积≥20%；
12) 一侧或双侧眼睑明显缺损；
13) 脊椎压缩骨折，椎体前缘高度减少1/2以上者或脊柱不稳定性骨折；
14) 3个及以上节段脊柱内固定术；
15) 一手除拇、食指外，有两指近侧指间关节离断；
16) 一手除拇、食指外，有两指近侧指间关节功能完全丧失；
17) 一拇指指间关节离断；
18) 一拇指指间关节畸形，功能完全丧失；
19) 一足拇趾缺失，另一足非拇趾一趾缺失；
20) 一足拇趾畸形，功能完全丧失，另一足非拇趾一趾畸形；
21) 一足除拇趾外，其他三趾缺失；
22) 一足除拇趾外，其他四趾瘢痕畸形，功能完全丧失；
23) 因开放骨折感染形成慢性骨髓炎，反复发作者；
24) 四肢大关节之一关节内骨折导致创伤性关节炎，遗留轻度功能障碍；
25) 急性放射皮肤损伤Ⅳ度及慢性放射性皮肤损伤手术治疗后影响肢体功能；
26) 放射性皮肤溃疡经久不愈者；

27）一眼矫正视力≤0.2，另眼矫正视力≥0.5；

28）双眼矫正视力等于0.4；

29）双眼视野≤80%（或半径≤50°）；

30）一侧或双侧睑外翻或睑闭合不全者；

31）上睑下垂盖及瞳孔1/3者；

32）睑球粘连影响眼球转动者；

33）外伤性青光眼行抗青光眼手术后眼压控制正常者；

34）双耳听力损失≥41dB或一耳≥91dB；

35）喉或气管损伤导致体力劳动时有呼吸困难；

36）喉源性损伤导致发声及言语困难；

37）牙槽骨损伤长度≥6cm，牙齿脱落8个及以上；

38）舌缺损<舌的1/3；

39）双侧鼻腔或鼻咽部闭锁；

40）双侧颞下颌关节强直，张口困难Ⅱ度；

41）上、下颌骨骨折，经牵引、固定治疗后有功能障碍者；

42）双侧颧骨并颧弓骨折，无开口困难，颜面部凹陷畸形不明显，不需手术复位

43）肺段切除术；

44）支气管成形术；

45）双侧≥3根肋骨骨折致胸廓畸形；

46）膈肌破裂修补术后，伴膈神经麻痹；

47）心脏、大血管修补术；

48）心脏异物滞留或异物摘除术；

49）肺功能轻度损伤；

50）食管重建术后，进食正常者；

51）胃部分切除；

52）小肠部分切除；

53）结肠部分切除；

54）肝部分切除；

55）腹壁缺损面积<腹壁的 1/4；

56）脾部分切除；

57）胰部分切除；

58）甲状腺功能轻度损害；

59）甲状旁腺功能轻度损害；

60）尿道修补术；

61）一侧睾丸、副睾丸切除；

62）一侧输精管缺损，不能修复；

63）脊髓神经周围神经损伤，或盆腔、会阴术术后遗留性功能障碍者；

64）一侧肾上腺缺损；

65）单侧输卵管切除；

66）单侧卵巢切除；

67）女性单侧乳房切除或严重瘢痕畸形；

68）其他职业性肺疾患，肺功能正常；

69）中毒性肾病，持续低分子蛋白尿；

70）慢性中度磷中毒；

71）氟及其他无机化合物中毒慢性中度中毒；

72）减压性骨坏死Ⅱ期；

73）轻度手臂振动病；

74）二度牙酸蚀。

5.9 九级

5.9.1 定级原则

器官部分缺损，形态异常，轻度功能障碍，无医疗依赖或者存在一般医疗依赖，无生活自理障碍。

5.9.2 九级条款系列

凡符合 5.9.1 或下列条款之一者均为工伤九级。

1）癫痫轻度；
2）中毒性周围神经病轻度感觉障碍；
3）脑挫裂伤无功能障碍；
4）开颅手术后无功能障碍；
5）颅内异物无功能障碍；
6）颈部外伤致颈总、颈内动脉狭窄，支架置入或血管搭桥手术后无功能障碍；
7）符合中度毁容标准之两项或轻度毁容者；
8）发际边缘瘢痕性秃发或其他部位秃发，需戴假发者；
9）全身瘢痕占体表面积≥5%；
10）面部有≥8cm^2 或三处以上≥1cm^2 的瘢痕；
11）两个以上横突骨折；
12）脊椎压缩骨折，椎体前缘高度减少小于 1/2 者；
13）椎间盘髓核切除术后；
14）1—2 节脊柱内固定术；
15）一拇指末节部分 1/2 缺失；
16）一手食指 2—3 节缺失；
17）一拇指指间关节僵直于功能位；
18）除拇趾外，余 3—4 指末节缺失；
19）一足拇趾末节缺失；
20）除拇趾外其他二趾缺失或瘢痕畸形，功能不全；
21）跖骨或跗骨骨折影响足弓者；
22）外伤后膝关节半月板切除、髌骨切除、膝关节交叉韧带修补术后无功能障碍；
23）四肢长管状骨骨折内固定或外固定支架术后；

24）髌骨、跟骨、距骨、下颌骨、或骨盆骨折内固定术后；

25）第Ⅴ对脑神经眼支麻痹；

26）眶壁骨折致眼球内陷、两眼球突出度相差>2mm 或错位变形影响外观者；

27）一眼矫正视力≤0.3，另眼矫正视力>0.6；

28）双眼矫正视力等于 0.5；

29）泪器损伤，手术无法改进溢泪者；

30）双耳听力损失≥31dB 或一耳损失≥71dB；

31）喉源性损伤导致发声及言语不畅；

32）铬鼻病有医疗依赖；

33）牙槽骨损伤长度>4cm，牙脱落 4 个及以上；

34）上、下颌骨骨折，经牵引、固定治疗后无功能障碍者；

35）一侧下颌骨髁状突颈部骨折；

36）一侧颧骨并颧弓骨折；

37）肺内异物滞留或异物摘除术；

38）限局性脓胸行胸膜剥脱术；

39）胆囊切除；

40）一侧卵巢部分切除；

41）乳腺成形术后；

42）胸、腹腔脏器探查术或修补术后。

5.10 十级

5.10.1 定级原则

器官部分缺损，形态异常，无功能障碍，无医疗依赖或者存在一般医疗依赖，无生活自理障碍。

5.10.2 十级条款系列

凡符合 5.10.1 或下列条款之一者均为工伤十级。

1）符合中度毁容标准之一项者；

2) 面部有瘢痕,植皮,异物色素沉着或脱失>2cm²;
3) 全身瘢痕面积<5%,但≥1%;
4) 急性外伤导致椎间盘髓核突出,并伴神经刺激征者;
5) 一手指除拇指外,任何一指远侧指间关节离断或功能丧失;
6) 指端植皮术后(增生性瘢痕1cm²以上);
7) 手背植皮面积>50cm²,并有明显瘢痕;
8) 手掌、足掌植皮面积>30%者;
9) 除拇趾外,任何一趾末节缺失;
10) 足背植皮面积>100cm²;
11) 膝关节半月板损伤、膝关节交叉韧带损伤未做手术者;
12) 身体各部位骨折愈合后无功能障碍或轻度功能障碍者;
13) 四肢大关节肌腱及韧带撕裂伤术后遗留轻度功能障碍;
14) 一手或两手慢性放射性皮肤损伤Ⅱ度及Ⅱ度以上者;
15) 一眼矫正视力≤0.5,另一眼矫正视力≥0.8;
16) 双眼矫正视力≤0.8;
17) 一侧或双侧睑外翻或睑闭合不全行成形手术后矫正者;
18) 上睑下垂盖及瞳孔1/3行成形手术后矫正者;
19) 睑球粘连影响眼球转动行成形手术后矫正者;
20) 职业性及外伤性白内障术后人工晶状体眼,矫正视力正常者;
21) 职业性及外伤性白内障Ⅰ度—Ⅱ度(或轻度、中度),矫正视力正常者;
22) 晶状体部分脱位;
23) 眶内异物未取出者;
24) 眼球内异物未取出者;
25) 外伤性瞳孔放大;

26）角巩膜穿通伤治愈者；

27）双耳听力损失≥26dB，或一耳≥56dB；

28）双侧前庭功能丧失，闭眼不能并足站立；

29 铬鼻病（无症状者）；

30）嗅觉丧失；

31）牙齿除智齿以外，切牙脱落1个以上或其他牙脱落2个以上；

32）一侧颞下颌关节强直，张口困难Ⅰ度；

33）鼻窦或面颊部有异物未取出；

34）单侧鼻腔或鼻孔闭锁；

35）鼻中隔穿孔；

36）一侧不完全性面瘫；

37）血、气胸行单纯闭式引流术后，胸膜粘连增厚；

38）腹腔脏器挫裂伤保守治疗后；

39）乳腺修补术后；

40）放射性损伤导致免疫功能轻度减退；

41）慢性轻度磷中毒；

42）氟及其他无机化合物中毒慢性轻度中毒；

43）井下工人滑囊炎；

44）减压性骨坏死Ⅰ期；

45）一度牙酸蚀病；

46）职业性皮肤病久治不愈。

附录A：各门类工伤、职业病致残分级判定基准（略）
附录B（资料性附录）：正确使用本标准的说明（略）
附录C（规范性附录）：职工工伤职业病致残等级分级表（略）

职业健康检查管理办法

国家卫生和计划生育委员会令
第 5 号

《职业健康检查管理办法》已于 2015 年 1 月 23 日经国家卫生计生委委主任会议讨论通过，现予公布，自 2015 年 5 月 1 日起施行。

国家卫生计生委主任
2015 年 3 月 26 日

第一章 总 则

第一条 为加强职业健康检查工作，规范职业健康检查机构管理，保护劳动者健康权益，根据《中华人民共和国职业病防治法》（以下简称《职业病防治法》），制定本办法。

第二条 本办法所称职业健康检查是指医疗卫生机构按照国家有关规定，对从事接触职业病危害作业的劳动者进行的上岗前、在岗期间、离岗时的健康检查。

第三条 国家卫生计生委负责全国范围内职业健康检查工作的监督管理。

县级以上地方卫生计生行政部门负责本辖区职业健康检查工作的监督管理；结合职业病防治工作实际需要，充分利用现有资源，统一规划、合理布局；加强职业健康检查机构能力建设，并提供必要的保障条件。

第二章 职业健康检查机构

第四条 医疗卫生机构开展职业健康检查，应当经省级卫生计生行政部门批准。

省级卫生计生行政部门应当及时向社会公布批准的职业健康检查机构名单、地址、检查类别和项目等相关信息。

第五条 承担职业健康检查的医疗卫生机构（以下简称职业健康检查机构）应当具备以下条件：

（一）持有《医疗机构执业许可证》，涉及放射检查项目的还应当持有《放射诊疗许可证》；

（二）具有相应的职业健康检查场所、候检场所和检验室，建筑总面积不少于400平方米，每个独立的检查室使用面积不少于6平方米；

（三）具有与批准开展的职业健康检查类别和项目相适应的执业医师、护士等医疗卫生技术人员；

（四）至少具有1名取得职业病诊断资格的执业医师；

（五）具有与批准开展的职业健康检查类别和项目相适应的仪器、设备；开展外出职业健康检查，应当具有相应的职业健康检查仪器、设备、专用车辆等条件；

（六）建立职业健康检查质量管理制度。

符合以上条件的医疗卫生机构，由省级卫生计生行政部门颁发《职业健康检查机构资质批准证书》，并注明相应的职业健康检查类别和项目。

第六条 职业健康检查机构具有以下职责：

（一）在批准的职业健康检查类别和项目范围内，依法开展职业健康检查工作，并出具职业健康检查报告；

（二）履行疑似职业病和职业禁忌的告知和报告义务；

（三）定期向卫生计生行政部门报告职业健康检查工作情况，包括外出职业健康检查工作情况；

（四）开展职业病防治知识宣传教育；

（五）承担卫生计生行政部门交办的其他工作。

第七条 职业健康检查机构应当指定主检医师。主检医师应当具备以下条件：

（一）具有执业医师证书；

（二）具有中级以上专业技术职务任职资格；

（三）具有职业病诊断资格；

（四）从事职业健康检查相关工作三年以上，熟悉职业卫生和职业病诊断相关标准。

主检医师负责确定职业健康检查项目和周期，对职业健康检查过程进行质量控制，审核职业健康检查报告。

第八条 职业健康检查机构及其工作人员应当关心、爱护劳动者，尊重和保护劳动者的知情权及个人隐私。

第三章 职业健康检查规范

第九条 按照劳动者接触的职业病危害因素，职业健康检查分为以下六类：

（一）接触粉尘类；

（二）接触化学因素类；

（三）接触物理因素类；

（四）接触生物因素类；

（五）接触放射因素类；

（六）其他类（特殊作业等）。

以上每类中包含不同检查项目。职业健康检查机构应当根据批准的检查类别和项目，开展相应的职业健康检查。

第十条 职业健康检查机构开展职业健康检查应当与用人单位签订委托协议书，由用人单位统一组织劳动者进行职业健康检查；也可以由劳动者持单位介绍信进行职业健康检查。

第十一条 职业健康检查机构应当依据相关技术规范，结合用人单位提交的资料，明确用人单位应当检查的项目和周期。

第十二条 在职业健康检查中，用人单位应当如实提供以下职业健康检查所需的相关资料，并承担检查费用：

（一）用人单位的基本情况；

（二）工作场所职业病危害因素种类及其接触人员名册、岗位（或工种）、接触时间；

（三）工作场所职业病危害因素定期检测等相关资料。

第十三条 职业健康检查的项目、周期按照《职业健康监护技术规范》（GBZ 188）执行，放射工作人员职业健康检查按照《放射工作人员职业健康监护技术规范》（GBZ 235）等规定执行。

第十四条 职业健康检查机构可以在执业登记机关管辖区域内开展外出职业健康检查。外出职业健康检查进行医学影像学检查和实验室检测，必须保证检查质量并满足放射防护和生物安全的管理要求。

第十五条 职业健康检查机构应当在职业健康检查结束之日起

30个工作日内将职业健康检查结果,包括劳动者个人职业健康检查报告和用人单位职业健康检查总结报告,书面告知用人单位,用人单位应当将劳动者个人职业健康检查结果及职业健康检查机构的建议等情况书面告知劳动者。

第十六条 职业健康检查机构发现疑似职业病病人时,应当告知劳动者本人并及时通知用人单位,同时向所在地卫生计生行政部门和安全生产监督管理部门报告。发现职业禁忌的,应当及时告知用人单位和劳动者。

第十七条 职业健康检查机构要依托现有的信息平台,加强职业健康检查的统计报告工作,逐步实现信息的互联互通和共享。

第十八条 职业健康检查机构应当建立职业健康检查档案。职业健康检查档案保存时间应当自劳动者最后一次职业健康检查结束之日起不少于15年。

职业健康检查档案应当包括下列材料:

(一)职业健康检查委托协议书;

(二)用人单位提供的相关资料;

(三)出具的职业健康检查结果总结报告和告知材料;

(四)其他有关材料。

第四章 监督管理

第十九条 县级以上地方卫生计生行政部门应当加强对本辖区职业健康检查机构的监督管理。按照属地化管理原则,制定年度监督检查计划,做好职业健康检查机构的监督检查工作。监督检查主要内容包括:

(一)相关法律法规、标准的执行情况;

(二)按照批准的类别和项目开展职业健康检查工作的情况;

（三）外出职业健康检查工作情况；

（四）职业健康检查质量控制情况；

（五）职业健康检查结果、疑似职业病的报告与告知情况；

（六）职业健康检查档案管理情况等。

第二十条 省级卫生计生行政部门应当对本辖区内的职业健康检查机构进行定期或者不定期抽查；设区的市级卫生计生行政部门每年应当至少组织一次对本辖区内职业健康检查机构的监督检查；县级卫生计生行政部门负责日常监督检查。

第二十一条 县级以上地方卫生计生行政部门监督检查时，有权查阅或者复制有关资料，职业健康检查机构应当予以配合。

第五章 法律责任

第二十二条 无《医疗机构执业许可证》擅自开展职业健康检查的，由县级以上地方卫生计生行政部门依据《医疗机构管理条例》第四十四条的规定进行处理。

第二十三条 对未经批准擅自从事职业健康检查的医疗卫生机构，由县级以上地方卫生计生行政部门依据《职业病防治法》第八十条的规定进行处理。

第二十四条 职业健康检查机构有下列行为之一的，由县级以上地方卫生计生行政部门依据《职业病防治法》第八十一条的规定进行处理：

（一）超出批准范围从事职业健康检查的；

（二）不按照《职业病防治法》规定履行法定职责的；

（三）出具虚假证明文件的。

第二十五条 职业健康检查机构未按照规定报告疑似职业病的，由县级以上地方卫生计生行政部门依据《职业病防治法》第七十五条的规定进行处理。

第二十六条 职业健康检查机构有下列行为之一的,由县级以上地方卫生计生行政部门责令限期改正,并给予警告;逾期不改的,处五千元以上三万元以下罚款:

(一)未指定主检医师或者指定的主检医师未取得职业病诊断资格的;

(二)未建立职业健康检查档案的;

(三)违反本办法其他有关规定的。

第二十七条 职业健康检查机构出租、出借《职业健康检查机构资质批准证书》的,由县级以上地方卫生计生行政部门予以警告,并处三万元以下罚款;伪造、变造或者买卖《职业健康检查机构资质批准证书》的,按照《中华人民共和国治安管理处罚法》的有关规定进行处理;情节严重的,依法对直接负责的主管人员和其他直接责任人员,给予降级、撤职或者开除的处分;构成犯罪的,依法追究刑事责任。

第六章 附 则

第二十八条 本办法自 2015 年 5 月 1 日起施行。2002 年 3 月 28 日原卫生部公布的《职业健康监护管理办法》同时废止。

附 录

国家安全监管总局关于推进安全生产与职业健康一体化监管执法的指导意见

安监总安健〔2017〕74号

各省、自治区、直辖市及新疆生产建设兵团安全生产监督管理局：

为贯彻落实《中共中央 国务院关于推进安全生产领域改革发展的意见》和《国务院办公厅关于加强安全生产监管执法的通知》（国办发〔2015〕20号）精神，建立安全生产与职业健康一体化监管执法制度，进一步强化职业健康监管，提高监管实效，现就推进安全生产与职业健康一体化监管执法工作（以下简称一体化监管执法）提出如下意见：

一、重要意义

（一）推进一体化监管执法是强化职业健康监管、保护劳动者职业安全健康的现实需要。职业健康工作事关劳动者身体健康和家庭幸福，事关经济社会和劳动力资源持续健康发展，事关全面建成小康社会和"健康中国"宏伟目标的实现，既是重大的民生问题，也是重大的社会问题。实施一体化监管执法，是现阶段解决职业健康监管任务量大面广、监管力量严重不足等突出问题的有效途径，是保护劳动者职业安全健康的现实需要。

（二）推进一体化监管执法是优化资源配置、落实简政放权的必然要求。通过一体化监管执法,可以进一步优化安全监管部门的资源配置,实现同类事项综合执法,避免对企业的重复执法、多头监管,减轻企业负担,是落实简政放权、放管结合、优化服务改革目标的必然要求。

(三)推进一体化监管执法是深化安全生产领域改革发展的重大举措。职业健康与安全生产工作相辅相成,相互促进。强化职业健康监管是安全生产管理体制机制改革创新的重要内容,是解决安全生产工作深层次问题的重要举措。推进一体化监管执法,能够进一步理顺职业健康监管体制机制,推动政府监管责任和企业主体责任有效落实,提升职业健康监管效能,有效遏制职业病高发态势。

二、总体要求

(一)指导思想。

牢固树立红线意识和安全发展理念,以强化安全生产和职业健康监管为目标,建立完善一体化监管执法制度和职责明晰、协调有序、执法规范、运行高效的工作机制,实现对同类事项综合执法,提高监管实效,全面履行安全生产和职业健康监管职责,切实维护劳动者的安全健康权益,保障经济社会持续健康发展。

(二)基本原则。

1. 积极稳妥,有序推进。一体化监管执法是一个长期渐进过程,涉及到法制、体制、机制等深层次问题,要坚持"科学、合理、高效"原则,根据各地实际,积极稳妥,有序推进,不搞"一刀切",对强化职业健康监管工作有利的要先行先试,条件不成熟的可以分步实施。

2. 问题导向,务求实效。要着力解决职业健康监管量大面广、监管力量严重不足等问题,突出重点,科学统筹安全生产和职业健康监管力量,避免多头监管、重复执法,讲究实际,注重实效。

3. 坚持底线,强化监管。把强化职业健康监管作为一体化监管执法改革的基本出发点，不断完善一体化监管执法的方式方法，加强职业健康监管机构和队伍建设，确保职业健康监管执法工作只能加强不能削弱。

三、主要任务

（一）推进执法检查一体化。在安全生产大检查、日常监督检查和建设项目"三同时"检查等工作中，将职业健康作为一项必要内容，同时部署、同时检查、同时总结。

（二）推进风险管控一体化。树立"职业病危害因素浓度（强度）超标就是隐患"的理念，将职业病危害因素分析和治理纳入风险分级管控和隐患排查治理双重预防机制中，做到职业病危害风险与安全生产风险管控一体化。

（三）推进标准化建设一体化。将职业健康相关指标纳入企业安全生产标准化建设，职业健康达标方可通过标准化评审，实行安全生产和职业健康"双达标"。

（四）推进宣传教育培训一体化。将职业健康作为宣传教育培训工作的重要内容，在宣传安全生产时一并宣传职业健康；整合生产经营单位法定代表人、管理人员及从业人员安全生产和职业健康教育培训教材、大纲，实施同步培训考核。

（五）推进技术服务一体化。支持、鼓励现有的安全生产评价、检测检验机构和职业健康技术服务机构通过专业人才引进、设备设施购置、资源整合等措施，拓展服务范围，开展安全生产和职业健康一体化检测、评价等技术服务。

（六）推进巡查考核一体化。将职业健康监管工作纳入安全生产巡查和责任考核内容，建立和完善激励约束机制，强化对各地区职业健康工作的巡查和考核，推动职业健康监管责任的有效落实。

四、组织实施

（一）加强组织领导。一体化监管执法涉及监管体制机制创新、工作分工调整以及工作方式的转变,各级安全监管部门要进一步增强责任意识和大局意识,统一思想,提高认识,把职业健康监管工作摆到更加重要的位置,积极推进一体化监管执法,主要负责人要亲自研究部署,加强指导协调,确保一体化监管执法工作顺利推进。

(二)认真组织实施。各级安全监管部门要结合本地区实际,积极探索,研究制定本地区一体化监管执法实施方案,明确目标、任务和要求,并认真抓好落实。要对一体化监管执法工作及时总结分析,对在推进过程中遇到的问题,要加强调查研究,并及时向上级监管部门请示汇报。

(三)做好业务培训。职业健康监管工作政策性、专业性强,各级安全监管部门要以法律法规、执法程序、专业知识以及执法实务为重点,加强对监管人员的职业健康监管业务培训,使其做到依法监管、科学监管。

(四)强化监督检查。国家安全监管总局将适时对本指导意见落实情况进行监督检查,对一体化监管执法工作推进情况进行通报,总结推广各地区在一体化监管执法工作中好的经验和做法。

国家安全监管总局
2017年6月22日

用人单位职业健康监护监督管理办法

国家安全生产监督管理总局令
第 49 号

《用人单位职业健康监护监督管理办法》已经 2012 年 3 月 6 日国家安全生产监督管理总局局长办公会议审议通过，现予公布，自 2012 年 6 月 1 日起施行。

国家安全生产监督管理总局
二〇一二年四月二十七日

第一章 总 则

第一条 为了规范用人单位职业健康监护工作，加强职业健康监护的监督管理，保护劳动者健康及其相关权益，根据《中华人民共和国职业病防治法》，制定本办法。

第二条 用人单位从事接触职业病危害作业的劳动者（以下简称劳动者）的职业健康监护和安全生产监督管理部门对其实施监督管理，适用本办法。

第三条 本办法所称职业健康监护,是指劳动者上岗前、在岗期间、离岗时、应急的职业健康检查和职业健康监护档案管理。

第四条 用人单位应当建立、健全劳动者职业健康监护制度,依法落实职业健康监护工作。

第五条 用人单位应当接受安全生产监督管理部门依法对其职业健康监护工作的监督检查,并提供有关文件和资料。

第六条 对用人单位违反本办法的行为,任何单位和个人均有权向安全生产监督管理部门举报或者报告。

第二章 用人单位的职责

第七条 用人单位是职业健康监护工作的责任主体,其主要负责人对本单位职业健康监护工作全面负责。

用人单位应当依照本办法以及《职业健康监护技术规范》(GBZ188)、《放射工作人员职业健康监护技术规范》(GBZ235)等国家职业卫生标准的要求,制定、落实本单位职业健康检查年度计划,并保证所需要的专项经费。

第八条 用人单位应当组织劳动者进行职业健康检查,并承担职业健康检查费用。

劳动者接受职业健康检查应当视同正常出勤。

第九条 用人单位应当选择由省级以上人民政府卫生行政部门批准的医疗卫生机构承担职业健康检查工作,并确保参加职业健康检查的劳动者身份的真实性。

第十条 用人单位在委托职业健康检查机构对从事接触职业病危害作业的劳动者进行职业健康检查时,应当如实提供下列文件、资料:

(一)用人单位的基本情况;

（二）工作场所职业病危害因素种类及其接触人员名册；

（三）职业病危害因素定期检测、评价结果。

第十一条 用人单位应当对下列劳动者进行上岗前的职业健康检查：

（一）拟从事接触职业病危害作业的新录用劳动者，包括转岗到该作业岗位的劳动者；

（二）拟从事有特殊健康要求作业的劳动者。

第十二条 用人单位不得安排未经上岗前职业健康检查的劳动者从事接触职业病危害的作业，不得安排有职业禁忌的劳动者从事其所禁忌的作业。

用人单位不得安排未成年工从事接触职业病危害的作业，不得安排孕期、哺乳期的女职工从事对本人和胎儿、婴儿有危害的作业。

第十三条 用人单位应当根据劳动者所接触的职业病危害因素，定期安排劳动者进行在岗期间的职业健康检查。

对在岗期间的职业健康检查，用人单位应当按照《职业健康监护技术规范》（GBZ188）等国家职业卫生标准的规定和要求，确定接触职业病危害的劳动者的检查项目和检查周期。需要复查的，应当根据复查要求增加相应的检查项目。

第十四条 出现下列情况之一的，用人单位应当立即组织有关劳动者进行应急职业健康检查：

（一）接触职业病危害因素的劳动者在作业过程中出现与所接触职业病危害因素相关的不适症状的；

（二）劳动者受到急性职业中毒危害或者出现职业中毒症状的。

第十五条 对准备脱离所从事的职业病危害作业或者岗位的劳动者，用人单位应当在劳动者离岗前 30 日内组织劳动者进行离岗时的职业健康检查。劳动者离岗前 90 日内的在岗期间的职业健康检查可以视为离岗时的职业健康检查。

用人单位对未进行离岗时职业健康检查的劳动者，不得解除或者终止与其订立的劳动合同。

第十六条 用人单位应当及时将职业健康检查结果及职业健康检查机构的建议以书面形式如实告知劳动者。

第十七条 用人单位应当根据职业健康检查报告，采取下列措施：

（一）对有职业禁忌的劳动者，调离或者暂时脱离原工作岗位；

（二）对健康损害可能与所从事的职业相关的劳动者，进行妥善安置；

（三）对需要复查的劳动者，按照职业健康检查机构要求的时间安排复查和医学观察；

（四）对疑似职业病病人，按照职业健康检查机构的建议安排其进行医学观察或者职业病诊断；

（五）对存在职业病危害的岗位，立即改善劳动条件，完善职业病防护设施，为劳动者配备符合国家标准的职业病危害防护用品。

第十八条 职业健康监护中出现新发生职业病（职业中毒）或者两例以上疑似职业病（职业中毒）的，用人单位应当及时向所在地安全生产监督管理部门报告。

第十九条 用人单位应当为劳动者个人建立职业健康监护档案，并按照有关规定妥善保存。职业健康监护档案包括下列内容：

（一）劳动者姓名、性别、年龄、籍贯、婚姻、文化程度、嗜好等情况；

（二）劳动者职业史、既往病史和职业病危害接触史；

（三）历次职业健康检查结果及处理情况；

（四）职业病诊疗资料；

（五）需要存入职业健康监护档案的其他有关资料。

第二十条 安全生产行政执法人员、劳动者或者其近亲属、劳动者委托的代理人有权查阅、复印劳动者的职业健康监护档案。

劳动者离开用人单位时，有权索取本人职业健康监护档案复印件，用人单位应当如实、无偿提供，并在所提供的复印件上签章。

第二十一条 用人单位发生分立、合并、解散、破产等情形时，应当对劳动者进行职业健康检查，并依照国家有关规定妥善安置职业病病人；其职业健康监护档案应当依照国家有关规定实施移交保管。

第三章 监督管理

第二十二条 安全生产监督管理部门应当依法对用人单位落实有关职业健康监护的法律、法规、规章和标准的情况进行监督检查，重点监督检查下列内容：

（一）职业健康监护制度建立情况；

（二）职业健康监护计划制定和专项经费落实情况；

（三）如实提供职业健康检查所需资料情况；

（四）劳动者上岗前、在岗期间、离岗时、应急职业健康检查情况；

（五）对职业健康检查结果及建议，向劳动者履行告知义务情况；

（六）针对职业健康检查报告采取措施情况；

（七）报告职业病、疑似职业病情况；

（八）劳动者职业健康监护档案建立及管理情况；

（九）为离开用人单位的劳动者如实、无偿提供本人职业健康监护档案复印件情况；

（十）依法应当监督检查的其他情况。

第二十三条　安全生产监督管理部门应当加强行政执法人员职业健康知识培训，提高行政执法人员的业务素质。

第二十四条　安全生产行政执法人员依法履行监督检查职责时，应当出示有效的执法证件。

安全生产行政执法人员应当忠于职守，秉公执法，严格遵守执法规范；涉及被检查单位技术秘密、业务秘密以及个人隐私的，应当为其保密。

第二十五条　安全生产监督管理部门履行监督检查职责时，有权进入被检查单位，查阅、复制被检查单位有关职业健康监护的文件、资料。

第四章　法律责任

第二十六条　用人单位有下列行为之一的，给予警告，责令限期改正，可以并处3万元以下的罚款：

（一）未建立或者落实职业健康监护制度的；

（二）未按照规定制定职业健康监护计划和落实专项经费的；

（三）弄虚作假，指使他人冒名顶替参加职业健康检查的；

（四）未如实提供职业健康检查所需要的文件、资料的；

（五）未根据职业健康检查情况采取相应措施的；

（六）不承担职业健康检查费用的。

第二十七条　用人单位有下列行为之一的，责令限期改正，给予警告，可以并处5万元以上10万元以下的罚款：

（一）未按照规定组织职业健康检查、建立职业健康监护档案或者未将检查结果如实告知劳动者的；

（二）未按照规定在劳动者离开用人单位时提供职业健康监护档案复印件的。

第二十八条　用人单位有下列情形之一的，给予警告，责令限期改正，逾期不改正的，处 5 万元以上 20 万元以下的罚款；情节严重的，责令停止产生职业病危害的作业，或者提请有关人民政府按照国务院规定的权限责令关闭：

　　（一）未按照规定安排职业病病人、疑似职业病病人进行诊治的；

　　（二）隐瞒、伪造、篡改、损毁职业健康监护档案等相关资料，或者拒不提供职业病诊断、鉴定所需资料的。

　　第二十九条　用人单位有下列情形之一的，责令限期治理，并处 5 万元以上 30 万元以下的罚款；情节严重的，责令停止产生职业病危害的作业，或者提请有关人民政府按照国务院规定的权限责令关闭：

　　（一）安排未经职业健康检查的劳动者从事接触职业病危害的作业的；

　　（二）安排未成年工从事接触职业病危害的作业的；

　　（三）安排孕期、哺乳期女职工从事对本人和胎儿、婴儿有危害的作业的；

　　（四）安排有职业禁忌的劳动者从事所禁忌的作业的。

　　第三十条　用人单位违反本办法规定，未报告职业病、疑似职业病的，由安全生产监督管理部门责令限期改正，给予警告，可以并处 1 万元以下的罚款；弄虚作假的，并处 2 万元以上 5 万元以下的罚款。

第五章　附　则

　　第三十一条　煤矿安全监察机构依照本办法负责煤矿劳动者职业健康监护的监察工作。

　　第三十二条　本办法自 2012 年 6 月 1 日起施行。

健康体检管理暂行规定

卫生部关于印发《健康体检管理暂行规定》的通知
卫医政发〔2009〕77号

各省、自治区、直辖市卫生厅局,新疆生产建设兵团卫生局,部直属有关单位:

为加强健康体检管理,促进健康体检规范有序进行,保护和增进人民群众健康,根据《中华人民共和国执业医师法》、《医疗机构管理条例》和《护士条例》等法律法规,我部组织制定了《健康体检管理暂行规定》。现印发给你们,请遵照执行。

二〇〇九年八月五日

第一章 总 则

第一条 为加强健康体检管理,保障健康体检规范有序进行,根据《中华人民共和国执业医师法》、《医疗机构管理条例》、《护士条例》等法律法规制定本规定。

第二条 本规定所称健康体检是指通过医学手段和方法对受检者进行身体检查，了解受检者健康状况、早期发现疾病线索和健康隐患的诊疗行为。

第三条 卫生部负责全国健康体检的监督管理。县级以上地方人民政府卫生行政部门负责本行政区域内健康体检的监督管理。

第二章 执业条件和许可

第四条 具备下列条件的医疗机构，可以申请开展健康体检。

（一）具有相对独立的健康体检场所及候检场所，建筑总面积不少于 400 平方米，每个独立的检查室使用面积不少于 6 平方米；

（二）登记的诊疗科目至少包括内科、外科、妇产科、眼科、耳鼻咽喉科、口腔科、医学影像科和医学检验科；

（三）至少具有 2 名具有内科或外科副高以上专业技术职务任职资格的执业医师，每个临床检查科室至少具有 1 名中级以上专业技术职务任职资格的执业医师；

（四）至少具有 10 名注册护士；

（五）具有满足健康体检需要的其他卫生技术人员；

（六）具有符合开展健康体检要求的仪器设备。

第五条 医疗机构向核发其《医疗机构执业许可证》的卫生行政部门（以下简称登记机关）申请开展健康体检。

第六条 登记机关应当按照第四条规定的条件对申请开展健康体检的医疗机构进行审核和评估，具备条件的允许其开展健康体检，并在《医疗机构执业许可证》副本备注栏中予以登记。

第三章 执业规则

第七条 医疗机构根据卫生部制定的《健康体检基本项目目

录》制定本单位的《健康体检项目目录》（以下简称《目录》），并按照《目录》开展健康体检。

医疗机构的《目录》应当向登记机关备案；不设床位和床位在99张以下的医疗机构还应向登记机关的上一级卫生行政部门备案。

第八条 医疗机构应用医疗技术进行健康体检，应当遵守医疗技术临床应用管理有关规定，应用的医疗技术应当与其医疗服务能力相适应。

医疗机构不得使用尚无明确临床诊疗指南和技术操作规程的医疗技术用于健康体检。

第九条 医疗机构开展健康体检应当严格遵守有关规定和规范，采取有效措施保证健康体检的质量。

第十条 医疗机构应当采取有效措施保证受检者在健康体检中的医疗安全。

第十一条 医疗机构开展健康体检应当按照有关规定履行对受检者相应的告知义务。

第十二条 医疗机构应当按照《医疗机构临床实验室管理办法》有关规定开展临床实验室检测，严格执行有关操作规程出具检验报告。

第十三条 各健康体检项目结果应当由负责检查的相应专业执业医师记录并签名。

第十四条 医疗机构应当对完成健康体检的受检者出具健康体检报告。健康体检报告应当包括受检者一般信息、体格检查记录、实验室和医学影像检查报告、阳性体征和异常情况的记录、健康状况描述和有关建议等。

第十五条 健康体检报告应当符合病历书写基本规范。

第十六条 医疗机构应当指定医师审核签署健康体检报告。负责签署健康体检报告的医师应当具有内科或外科副主任医师以上专业技术职务任职资格，经设区的市级以上人民政府卫生行政部门培训并考核合格。

  第十七条 医疗机构开展健康体检必须接受设区的市级以上人民政府卫生行政部门组织的质量控制管理。

  第十八条 医疗机构应当制定合理的健康体检流程，严格执行有关规定规范，做好医院感染防控和生物安全管理。

  第十九条 医疗机构开展健康体检不得以赢利为目的对受检者进行重复检查，不得诱导需求。

  第二十条 医疗机构不得以健康体检为名出售药品、保健品、医疗保健器械等。

  第二十一条 医疗机构应当加强健康体检中的信息管理，确保信息的真实、准确和完整。未经受检者同意，不得擅自散布、泄露受检者的个人信息。

  第二十二条 受检者健康体检信息管理参照门诊病历管理有关规定执行。

第四章 外出健康体检

  第二十三条 外出健康体检是指医疗机构在执业地址以外开展的健康体检。

  除本规定的外出健康体检，医疗机构不得在执业地址外开展健康体检。

  第二十四条 医疗机构可以在登记机关管辖区域范围内开展外出健康体检。

  第二十五条 医疗机构开展外出健康体检前，应当与邀请单位签订健康体检协议书，确定体检时间、地点、受检人数、体检的项目和流程、派出医务人员和设备的基本情况等，并明确协议双方法律责任。

第二十六条 医疗机构应当于外出健康体检前至少20个工作日向登记机关进行备案,并提交以下备案材料:

(一) 外出健康体检情况说明,包括邀请单位的基本情况、受检者数量、地址和基本情况、体检现场基本情况等;

(二) 双方签订的健康体检协议书;

(三) 体检现场标本采集、运送等符合有关条件和要求的书面说明;

(四) 现场清洁、消毒和检后医疗废物处理方案;

(五) 医疗机构执业许可证副本复印件。

第二十七条 外出健康体检的场地应当符合本办法第四条第一项要求。进行血液和体液标本采集的房间应当达到《医院消毒卫生标准》中规定的Ⅲ类环境,光线充足,保证安静。

第二十八条 医疗机构应当按照《目录》开展外出健康体检。外出健康体检进行医学影像学检查和实验室检测必须保证检查质量并满足放射防护和生物安全的管理要求。

第五章 监督管理

第二十九条 无《医疗机构执业许可证》开展健康体检的,按照《医疗机构管理条例》第四十四条处理。

医疗机构未经许可开展健康体检的,按照《医疗机构管理条例》第四十七条处理。

第三十条 未经备案开展外出健康体检的,视为未变更注册开展诊疗活动,按照《医疗机构管理条例》和《执业医师法》有关条款处理。

第三十一条 健康体检超出备案的《健康体检项目目录》的,按照《医疗机构管理条例》第四十七条处理。

第三十二条 医疗机构出具虚假或者伪造健康体检结果的,按照《医疗机构管理条例》第四十九条处理。

第三十三条 开展健康体检引发医疗事故争议的按照《医疗事故处理条例》处理。

第六章 附 则

第三十四条 本规定所称健康体检不包括职业健康检查、从业人员健康体检、入学、入伍、结婚登记等国家规定的专项体检、基本公共卫生服务项目提供的健康体检和使用新型农村合作医疗基金为参加新型农村合作医疗农民开展的健康体检以及专项疾病的筛查和普查等。

第三十五条 已开展健康体检服务的医疗机构,应当在2009年11月30日前完成健康体检服务登记。

第三十六条 本办法自2009年9月1日起施行。

全国普法学习读本

卫生安保类法律法规读本

职业防护法律法规学习读本

职业健康专项法律法规

王金锋 主编

加大全民普法力度，建设社会主义法治文化，树立宪法法律至上、法律面前人人平等的法治理念。

——中国共产党第十九次全国代表大会《决胜全面建成小康社会 夺取新时代中国特色社会主义伟大胜利》

汕头大学出版社

图书在版编目（CIP）数据

职业健康专项法律法规/王金锋主编. -- 汕头：汕头大学出版社（2021.7重印）

（职业防护法律法规学习读本）

ISBN 978-7-5658-2948-2

Ⅰ.①职… Ⅱ.①王… Ⅲ.①劳动卫生-卫生法-中国-学习参考资料 Ⅳ.①D922.544

中国版本图书馆 CIP 数据核字（2018）第 035703 号

职业健康专项法律法规　ZHIYE JIANKANG ZHUANXIANG FALÜ FAGUI

主　　编：	王金锋
责任编辑：	邹　峰
责任技编：	黄东生
封面设计：	大华文苑
出版发行：	汕头大学出版社
	广东省汕头市大学路 243 号汕头大学校园内　邮政编码：515063
电　　话：	0754-82904613
印　　刷：	三河市南阳印刷有限公司
开　　本：	690mm×960mm 1/16
印　　张：	18
字　　数：	226 千字
版　　次：	2018 年 5 月第 1 版
印　　次：	2021 年 7 月第 2 次印刷
定　　价：	59.60 元（全 2 册）

ISBN 978-7-5658-2948-2

版权所有，翻版必究

如发现印装质量问题，请与承印厂联系退换

前　言

习近平总书记指出："推进全民守法，必须着力增强全民法治观念。要坚持把全民普法和守法作为依法治国的长期基础性工作，采取有力措施加强法制宣传教育。要坚持法治教育从娃娃抓起，把法治教育纳入国民教育体系和精神文明创建内容，由易到难、循序渐进不断增强青少年的规则意识。要健全公民和组织守法信用记录，完善守法诚信褒奖机制和违法失信行为惩戒机制，形成守法光荣、违法可耻的社会氛围，使遵法守法成为全体人民共同追求和自觉行动。"

中共中央、国务院曾经转发了中央宣传部、司法部关于在公民中开展法治宣传教育的规划，并发出通知，要求各地区各部门结合实际认真贯彻执行。通知指出，全民普法和守法是依法治国的长期基础性工作。深入开展法治宣传教育，是全面建成小康社会和新农村的重要保障。

普法规划指出：各地区各部门要根据实际需要，从不同群体的特点出发，因地制宜开展有特色的法治宣传教育坚持集中法治宣传教育与经常性法治宣传教育相结合，深化法律进机关、进乡村、进社区、进学校、进企业、进单位的"法律六进"主题活动，完善工作标准，建立长效机制。

特别是农业、农村和农民问题，始终是关系党和人民事业发展的全局性和根本性问题。党中央、国务院发布的《关于推进社会主义新农村建设的若干意见》中明确提出要"加强农村法制建设，深入开展农村普法教育，增强农民的法制观念，提高农民依法行使权利和履行义务的自觉性。"多年普法实践证明，普及法律知识，提高法制观念，增强全社会依法办事意识具有重要作用。特别是在广大农村进行普法教育，是提高全民法律素质的需要。

多年来，我国在农村实行的改革开放取得了极大成功，农村发生了翻天覆地的变化，广大农民生活水平大大得到了提高。但是，由于历史和社会等原因，现阶段我国一些地区农民文化素质还不高，不学法、不懂法、不守法现象虽然较原来有所改变，但仍有相当一部分群众的法制观念仍很淡化，不懂、不愿借助法律来保护自身权益，这就极易受到不法的侵害，或极易进行违法犯罪活动，严重阻碍了全面建成小康社会和新农村步伐。

为此，根据党和政府的指示精神以及普法规划，特别是根据广大农村农民的现状，在有关部门和专家的指导下，特别编辑了这套《全国普法学习读本》。主要包括了广大人民群众应知应懂、实际实用的法律法规。为了辅导学习，附录还收入了相应法律法规的条例准则、实施细则、解读解答、案例分析等；同时为了突出法律法规的实际实用特点，兼顾地方性和特殊性，附录还收入了部分某些地方性法律法规以及非法律法规的政策文件、管理制度、应用表格等内容，拓展了本书的知识范围，使法律法规更"接地气"，便于读者学习掌握和实际应用。

在众多法律法规中，我们通过甄别，淘汰了废止的，精选了最新的、权威的和全面的。但有部分法律法规有些条款不适应当下情况了，却没有颁布新的，我们又不能擅自改动，只得保留原有条款，但附录却有相应的补充修改意见或通知等。众多法律法规根据不同内容和受众特点，经过归类组合，优化配套。整套普法读本非常全面系统，具有很强的学习性、实用性和指导性，非常适合用于广大农村和城乡普法学习教育与实践指导。总之，是全国全民普法的良好读本。

目　录

职业病危害与防控规范

用人单位职业病危害告知与警示标识管理规范…………（1）
建筑行业职业病危害预防控制规范…………………………（9）
纺织印染业职业病危害预防控制指南………………………（27）

使用有毒物品作业场所劳动保护条例

第一章　总　则……………………………………………（43）
第二章　作业场所的预防措施……………………………（45）
第三章　劳动过程的防护…………………………………（47）
第四章　职业健康监护……………………………………（50）
第五章　劳动者的权利与义务……………………………（51）
第六章　监督管理…………………………………………（54）
第七章　罚　则……………………………………………（56）
第八章　附　则……………………………………………（62）

工业企业职工听力保护规范

第一章　总　则……………………………………………（64）
第二章　听力保护的基本内容和要求……………………（64）
第三章　噪声监测…………………………………………（65）
第四章　听力测试与评定…………………………………（66）
第五章　工程控制…………………………………………（67）
第六章　护耳器……………………………………………（67）

— 1 —

第七章	听力保护培训	(68)
第八章	记录保存	(68)
第九章	附　则	(69)

煤矿作业场所职业病危害防治规定

第一章	总　则	(70)
第二章	职业病危害防治管理	(71)
第三章	建设项目职业病防护设施"三同时"管理	(74)
第四章	职业病危害项目申报	(75)
第五章	职业健康监护	(75)
第六章	粉尘危害防治	(77)
第七章	噪声危害防治	(82)
第八章	热害防治	(82)
第九章	职业中毒防治	(83)
第十章	法律责任	(84)
第十一章	附　则	(86)

附　录

煤层气地面开采安全规程（试行） (87)

加强煤矿建设安全管理规定 (122)

放射工作人员职业健康管理办法

第一章	总　则	(130)
第二章	从业条件与培训	(131)
第三章	个人剂量监测管理	(132)
第四章	职业健康管理	(134)
第五章	监督检查	(136)
第六章	法律责任	(136)
第七章	附　则	(138)

职业病危害与防控规范

用人单位职业病危害告知与警示标识管理规范

国家安全监管总局办公厅关于印发用人单位职业病危害告知与警示标识管理规范的通知

安监总厅安健〔2014〕111号

各省、自治区、直辖市及新疆生产建设兵团安全生产监督管理局：

　　为指导和规范用人单位做好职业病危害告知与警示标识管理工作，依照《中华人民共和国职业病防治法》、《工作场所职业卫生监督管理规定》（国家安全监管总局令第47号）等法律规章，国家安全监管总局制定了《用人单位职业病危害告知与警示标识管理规范》（以下简称《规范》），现印发给你们，请认真贯彻落实。

　　职业病危害告知与警示标识管理工作是职业卫生管理的一项基础性工作，对于提高劳动者的自我防护意识、提升用人单位职业病防治水平具有重要作用。各地区要高度重视，认真安排部署，做好《规范》的宣传和落实工作。

各单位要通过多种方式组织用人单位学习《规范》，指导用人单位对职业病危害告知与警示标识管理工作进行一次全面自查，并按照《规范》要求完善职业病危害告知内容及档案材料，设置和维护好警示标识，保障劳动者的职业健康。

要把贯彻落实《规范》要求作为职业卫生监督执法的重要内容，指导用人单位落实职业病危害告知与警示标识管理各项要求，对拒不整改或整改不到位的用人单位，依法予以惩处，确保按期完成《国家职业病防治规划（2009—2015年）》确定的2015年职业病危害告知率和警示标识设置率达到90%以上的目标。

国家安全监管总局办公厅
2014年11月13日

第一章 总 则

第一条 为规范用人单位职业病危害告知与警示标识管理工作，预防和控制职业病危害，保障劳动者职业健康，根据《中华人民共和国职业病防治法》、《工作场所职业卫生监督管理规定》（国家安全监管总局令第47号）以及《工作场所职业病危害警示标识》（GBZ 158）、《高毒物品作业岗位职业病危害告知规范》（GBZ/T203）等法律、规章和标准，制定本规范。

第二条 职业病危害告知是指用人单位通过与劳动者签订劳动合同、公告、培训等方式，使劳动者知晓工作场所产生或存在的职业病危害因素、防护措施、对健康的影响以及健康检查结果等的行为。职业病危害警示标识是指在工作场所中设置的可以提醒劳动者对职业病危害产生警觉并采取相应防护措施的图形标识、警示线、警示语句和文字说明以及组合使用的标识等。

本规范所指的劳动者包括用人单位的合同制、聘用制、劳务派遣等性质的劳动者。

第三条 用人单位应当依法开展工作场所职业病危害因素检测评价,识别分析工作过程中可能产生或存在的职业病危害因素。

第四条 用人单位应将工作场所可能产生的职业病危害如实告知劳动者,在醒目位置设置职业病防治公告栏,并在可能产生严重职业病危害的作业岗位以及产生职业病危害的设备、材料、贮存场所等设置警示标识。

第五条 用人单位应当依法开展职业卫生培训,使劳动者了解警示标识的含义,并针对警示的职业病危害因素采取有效的防护措施。

第二章 职业病危害告知

第六条 产生职业病危害的用人单位应将工作过程中可能接触的职业病危害因素的种类、危害程度、危害后果、提供的职业病防护设施、个人使用的职业病防护用品、职业健康检查和相关待遇等如实告知劳动者,不得隐瞒或者欺骗。

第七条 用人单位与劳动者订立劳动合同(含聘用合同,下同)时,应当在劳动合同中写明工作过程可能产生的职业病危害及其后果、职业病危害防护措施和待遇(岗位津贴、工伤保险等)等内容。同时,以书面形式告知劳务派遣人员。

格式合同文本内容不完善的,应以合同附件形式签署职业病危害告知书(示例见附件1)。

第八条 劳动者在履行劳动合同期间因工作岗位或者工作内容变更,从事与所订立劳动合同中未告知的存在职业病危害的作业时,用人单位应当依照本规范第七条的规定,向劳动者履行如实告知的义务,并协商变更原劳动合同相关条款。

第九条 用人单位应对劳动者进行上岗前的职业卫生培训和在

岗期间的定期职业卫生培训，使劳动者知悉工作场所存在的职业病危害，掌握有关职业病防治的规章制度、操作规程、应急救援措施、职业病防护设施和个人防护用品的正确使用维护方法及相关警示标识的含义，并经书面和实际操作考试合格后方可上岗作业。

第十条　产生职业病危害的用人单位应当设置公告栏，公布本单位职业病防治的规章制度等内容。

设置在办公区域的公告栏，主要公布本单位的职业卫生管理制度和操作规程等；设置在工作场所的公告栏，主要公布存在的职业病危害因素及岗位、健康危害、接触限值、应急救援措施，以及工作场所职业病危害因素检测结果、检测日期、检测机构名称等。

第十一条　用人单位要按照规定组织从事接触职业病危害作业的劳动者进行上岗前、在岗期间和离岗时的职业健康检查，并将检查结果书面告知劳动者本人。用人单位书面告知文件要留档备查。

第三章　职业病危害警示标识

第十二条　用人单位应在产生或存在职业病危害因素的工作场所、作业岗位、设备、材料（产品）包装、贮存场所设置相应的警示标识。

第十三条　产生职业病危害的工作场所，应当在工作场所入口处及产生职业病危害的作业岗位或设备附近的醒目位置设置警示标识：

（一）产生粉尘的工作场所设置"注意防尘"、"戴防尘口罩"、"注意通风"等警示标识，对皮肤有刺激性或经皮肤吸收的粉尘工作场所还应设置"穿防护服"、"戴防护手套"、"戴防护眼镜"，产生含有有毒物质的混合性粉（烟）尘的工作场所应设置"戴防尘毒口罩"；

（二）放射工作场所设置"当心电离辐射"等警示标识，在开放性同位素工作场所设置"当心裂变物质"；

（三）有毒物品工作场所设置"禁止入内"、"当心中毒"、"当心有毒气体"、"必须洗手"、"穿防护服"、"戴防毒面具"、"戴防护手套"、"戴防护眼镜"、"注意通风"等警示标识，并标明"紧急出口"、"救援电话"等警示标识；

（四）能引起职业性灼伤或腐蚀的化学品工作场所，设置"当心腐蚀"、"腐蚀性"、"遇湿具有腐蚀性"、"当心灼伤"、"穿防护服"、"戴防护手套"、"穿防护鞋"、"戴防护眼镜"、"戴防毒口罩"等警示标识；

（五）产生噪声的工作场所设置"噪声有害"、"戴护耳器"等警示标识；

（六）高温工作场所设置"当心中暑"、"注意高温"、"注意通风"等警示标识；

（七）能引起电光性眼炎的工作场所设置"当心弧光"、"戴防护镜"等警示标识；

（八）生物因素所致职业病的工作场所设置"当心感染"等警示标识；

（九）存在低温作业的工作场所设置"注意低温"、"当心冻伤"等警示标识；

（十）密闭空间作业场所出入口设置"密闭空间作业危险"、"进入需许可"等警示标识；

（十一）产生手传振动的工作场所设置"振动有害"、"使用设备时必须戴防振手套"等警示标识；

（十二）能引起其他职业病危害的工作场所设置"注意XX危害"等警示标识。

第十四条 生产、使用有毒物品工作场所应当设置黄色区域警示线。生产、使用高毒、剧毒物品工作场所应当设置红色区域警示线。警示线设在生产、使用有毒物品的车间周围外缘不少于30cm处，警示线宽度不少于10cm。

第十五条 开放性放射工作场所监督区设置黄色区域警示线，控制区设置红色区域警示线；室外、野外放射工作场所及室外、野外放射性同位素及其贮存场所应设置相应警示线。

第十六条 对产生严重职业病危害的作业岗位，除按本规范第十三条的要求设置警示标识外，还应当在其醒目位置设置职业病危害告知卡（以下简称告知卡，示例见附件2）。

告知卡应当标明职业病危害因素名称、理化特性、健康危害、接触限值、防护措施、应急处理及急救电话、职业病危害因素检测结果及检测时间等。

符合以下条件之一，即为产生严重职业病危害的作业岗位：

1. 存在矽尘或石棉粉尘的作业岗位；

2. 存在"致癌"、"致畸"等有害物质或者可能导致急性职业性中毒的作业岗位；

3. 放射性危害作业岗位。

第十七条 使用可能产生职业病危害的化学品、放射性同位素和含有放射性物质的材料的，必须在使用岗位设置醒目的警示标识和中文警示说明（示例见附件3），警示说明应当载明产品特性、主要成份、存在的有害因素、可能产生的危害后果、安全使用注意事项、职业病防护以及应急救治措施等内容。

第十八条 贮存可能产生职业病危害的化学品、放射性同位素和含有放射性物质材料的场所，应当在入口处和存放处设置"当心中毒"、"当心电离辐射"、"非工作人员禁止入内"等警示标识。

第十九条 使用可能产生职业病危害的设备的，除按本规范第十三条的要求设置警示标识外，还应当在设备醒目位置设置中文警示说明。警示说明应当载明设备性能、可能产生的职业病危害、安全操作和维护注意事项、职业病防护以及应急救治措施等内容。

第二十条 为用人单位提供可能产生职业病危害的设备或可能产生职业病危害的化学品、放射性同位素和含有放射性物质的材料的，应当依法在设备或者材料的包装上设置警示标识和中文警示说明。

第二十一条 高毒、剧毒物品工作场所应急撤离通道设置"紧急出口",泄险区启用时应设置"禁止入内"、"禁止停留"等警示标识。

第二十二条 维护和检修装置时产生或可能产生职业病危害的,应在工作区域设置相应的职业病危害警示标识。

第四章 公告栏与警示标识的设置

第二十三条 公告栏应设置在用人单位办公区域、工作场所入口处等方便劳动者观看的醒目位置。告知卡应设置在产生或存在严重职业病危害的作业岗位附近的醒目位置。

第二十四条 公告栏和告知卡应使用坚固材料制成,尺寸大小应满足内容需要,高度应适合劳动者阅读,内容应字迹清楚、颜色醒目。

第二十五条 用人单位多处场所都涉及同一职业病危害因素的,应在各工作场所入口处均设置相应的警示标识。

第二十六条 工作场所内存在多个产生相同职业病危害因素的作业岗位的,临近的作业岗位可以共用警示标识、中文警示说明和告知卡。

第二十七条 警示标识(不包括警示线)采用坚固耐用、不易变形变质、阻燃的材料制作。有触电危险的工作场所使用绝缘材料。可能产生职业病危害的设备及化学品、放射性同位素和含放射性物质的材料(产品)包装上,可直接粘贴、印刷或者喷涂警示标识。

第二十八条 警示标识设置的位置应具有良好的照明条件。井下警示标识应用反光材料制作。

第二十九条 公告栏、告知卡和警示标识不应设在门窗或可移动的物体上,其前面不得放置妨碍认读的障碍物。

第三十条 多个警示标识在一起设置时,应按禁止、警告、指令、提示类型的顺序,先左后右、先上后下排列。

第三十一条 警示标识的规格要求等按照《工作场所职业病危害警示标识》(GBZ 158)执行。

第五章 公告栏与警示标识的维护更换

第三十二条 公告栏中公告内容发生变动后应及时更新,职业病危害因素检测结果应在收到检测报告之日起7日内更新。

生产工艺发生变更时,应在工艺变更完成后7日内补充完善相应的公告内容与警示标识。

第三十三条 告知卡和警示标识应至少每半年检查一次,发现有破损、变形、变色、图形符号脱落、亮度老化等影响使用的问题时应及时修整或更换。

第三十四条 用人单位应按照《国家安全监管总局办公厅关于印发职业卫生档案管理规范的通知》(安监总厅安健〔2013〕171号)的要求,完善职业病危害告知与警示标识档案材料,并将其存放于本单位的职业卫生档案。

第六章 附 则

第三十五条 用人单位违反本规范的行为,应当依据《中华人民共和国职业病防治法》、《工作场所职业卫生监督管理规定》等法律法规及规章的规定予以处罚。

第三十六条 本规范未规定的其他有关事项,依照《中华人民共和国职业病防治法》和其他有关法律法规规章及职业卫生标准的规定执行。

附件:
1. 职业病危害告知书示例(略)
2. 职业病危害告知卡示例(略)
3. 中文警示说明示例(略)

建筑行业职业病危害预防控制规范

关于发布《建筑行业职业病危害预防控制规范》等2项
推荐性国家职业卫生标准的通告
卫通〔2008〕23号

现发布《建筑行业职业病危害预防控制规范》等2项推荐性国家职业卫生标准。其编号和名称如下：

GBZ/T 211-2008　建筑行业职业病危害预防控制规范

GBZ/T 212-2008　纺织印染业职业病危害预防控制指南

以上标准于2009年5月15日起实施。

特此通告。

国家卫生计生委法制司
二〇〇八年十一月二十日

1　范围

本标准规定了建筑行业职业病危害预防控制的基本要求、职业病危害因素的识别、防护措施及应急救援等要求。

本标准适用于从土木工程、建筑工程、线路管道和设备安装工程及装修工程的新建、扩建、改建和拆除等施工活动的企业、事业及个体经济组织的职业病危害预防及卫生行政部门、建设主管部门和项目监理对施工企业的职业卫生监管。

2　规范性引用文件

下列文件中的条款通过本标准的引用而成为本标准的条款。凡是注日期的引用文件，其随后所有的修改单（不包括勘误的内容）

或修订版均不适用于本标准，然而，鼓励根据本标准达成协议的各方是否可使用这些文件的最新版本。凡是不注日期的引用文件，其最新版本适用于本标准。

GBZ2.1 工作场所有害因素职业接触限值

第1部分：化学有害因素

GBZ2.2 工作场所有害因素职业接触限值

第2部分：物理因素

GBZ158 工作场所职业病危害警示标识

GBZ188 职业健康监护技术规范

GBZ/T 193 石棉作业职业卫生管理规范

GBZ/T 205 使用人造矿物纤维绝热职业病危害防护规程

GB/T 3608 高处作业分级

GB/T 18664 呼吸防护用品的选择、使用与维护

GB 18871 电离辐射防护与辐射源安全基本标准

3 术语和定义

下列术语和定义适用于本标准

3.1

施工现场 CONSTRUCTION SITE

经批准进行土木工程、建筑工程、线路管道和设备安装工程及装修工程的新建、扩建、改建和拆除等施工活动所占用的施工场地。

3.2

项目经理 PROJECT MANAGER

施工企业法宝代表人在建设工程项目的授权与委托代理人。

3.3

项目经理部 PROJECT MANAGEMENT TRAM

在企业法定代表人授权和职能部门的支持下按照企业的相关规定组建的、进行项目管理的一次性的组织机构。

3.4

项目监理 PROJECT SUPERVISOR

监理单位派驻工程项目负责履行委托监理合同的组织机构或责任人。

3.5

工程总承包 ENGINEERING PROCUREMENT CONSTRUCTION CONTRACTING

工程总承包企业受业主委托，按照合同约定对工程建设项目的设计、采购、施工、试运行等实行全过程或若干阶段的承包。

3.6

项目分包 PROJECT SUBCONTRACTING

承包人将其承包合同中所约定工作的一部分分包给具有相应资质的企业承担，简称分包。

4 基本要求

4.1 项目经理部应建立职业卫生管理机构和责任制，项目经理为职业卫生管理第一责任人，施工经理为直接责任人。施工队长、班组长是兼职职业卫生管理人员，负责本施工队、本班组的职业卫生管理工作。

4.2 实行总承包和分包的施工项目，由总承包单位统一负责施工现场的职业卫生管理，检查督促分包单位落实职业病危害防治措施，职业病危害防治的内容应当在分包合同中列明。任何单位不得将产生职业病危害的作业转包给不具备职业病防护条件的单位和个人。不具备职业病防护条件的单位和个人不得接受产生职业病危害的作业。项目经理部应根据项目的职业病危害特点，制定相应的职业卫生管理制度和操作规程，职业卫生管理制度和操作规程适用于分包队或临时工的施工活动。

4.3 项目经理部应根据施工规模配备专职卫生管理人员。建筑工程、装修工程按照建筑面积配备：1万 m^2 及以下的工程至少配备1人。1万m^2~5万m^2的工程至少配备2人。5万m^2以上的工程至少配备3人；土木工程、线路管道、设备安装按照总造价配备：5000万元以下的工程至少配备1人。5000万元~1亿元的工程至少配备2人，1亿元以上的工程至少配备3人。分包单位应根据作业人数配备专职或兼职职业卫生管理人员：50人以下的配备1人。50人~200人的配备2人。200人以下的根据所承担工程职业病危害因素的实际情况增配，并不少于施工总人数的0.5%。

4.4 项目经理部应建立、健全职业卫生培训和考核制度。项目经理部负责人、建造师、专职和兼职职业卫生管理人员应经过职业卫生相关法律法规和专业知识培训，具备与施工项目相适应的职业卫生知识和管理能力。项目经理部应组织对劳动者进行上岗前和在岗期间的定期职业卫生相关知识培训、考核，确保劳动者具备必要的职业卫生知识、正确使用职业病防护设施和个人防护用品知识。培训考核不合格者不能上岗作业。

4.5 项目经理部应建立、健全职业健康监护制度。职业健康监护主要包括职业健康检查和职业健康监护档案管理等内容，职业健康监护工作应符合GBZ 188的要求。职业健康检查包括上岗前、在岗期间、离岗时和离岗后医学随访以及应急健康检查。职业健康检查应由省级以上卫生行政部门批准的职业健康检查机构进行。项目结束时，项目经理部应将劳动者的健康监护档案移交给项目总承包单位，总承包单位应长期保管劳动者的健康监护资料。

4.6 项目经理部应在施工现场入口处醒目位置设置公告栏、在施工岗位设置警示标识和说明，使进入施工现场的相关人员知悉施工现场存在的职业病危害因素及其对人体健康的危害后果和防护措施。警示标识的设置应符合GBZ 158的要求。

4.7 施工现场使用高毒物品的用人单位应配备专职或兼职职业卫生医师和护士。对高毒作业场所每月至少进行一次毒物浓度检测，每半年至少进行一次控制效果评价；不具备该条件的，应与依法取得资质的职业卫生技术服务机构签订合同,由其提供职业卫生检测和评价服务。

4.8 项目经理部应向施工工地有关行政主管部门申报施工项目的职业病危害,做好职业病和职业病危害事故的记录、报告和档案的移交工作。

4.9 项目监理应对施工企业的职业卫生管理机构、职业卫生管理制度及其落实情况、职业病危害防护设施、个人防护用品的使用情况进行监管,做好记录并存档。

5 建筑行业职业病危害因素的识别

5.1 职业病危害特点

5.1.1 职业病危害因素种类繁多、复杂。建筑行业职业病危害因素来源多、种类多,几乎涵盖所有类型的职业病危害因素(见附录A)。既有施工工艺产生的危害因素,也有自然环境、施工环境产生的危害因素,还有施工过程产生的危害因素。既存在粉尘、噪声、放射性物质和其他有毒有害物质等的危害,也存在高处作业、密闭空间作业、高温作业、低温作业、高原(低气压)作业、水下(高压)作业等产生的危害,劳动强度大、劳动时间长的危害也相当突出。一个施工现场往往同时存在多种职业病危害因素,不同施工过程存在不同的职业病危害因素。

5.1.2 职业病危害防护难度大。建筑施工工程类型有房屋建筑工程、市政基础设施工程、交通工程、通讯工程、水利工程、铁道工程、冶金工程、电力工程、港湾工程等;建筑施工地点可以是高原、海洋、水下、室外、室内、箱体、城市、农村、荒原、疫区,小范围的作业点、长距离的施工线等;作业方式有挖方、掘进、爆破、砌筑、电焊、抹灰、油漆、喷砂除锈、拆除和翻修等,有机械施工,也有人工施工等。施工工程和施工地点的多样化,导致职业病危害的多变性,受施工现场和条件的限制,往往难以采取有效的工程控制技术设施。

5.2 施工前识别

5.2.1 施工企业应在施工前进行施工现场卫生状况调查，明确施工现场是否存在排污管道、历史化学废弃物填埋、垃圾填埋和放射性物质污染等情况。

5.2.2 项目经理部在施工前应根据施工工艺、施工现场的自然条件对不同施工阶段存在的职业病危害因素进行识别，列出职业病危害因素清单。职业病危害因素的识别范围必须覆盖施工过程中所有活动，包括常规和非常规（如特殊季节的施工和临时性作业）活动、所有进入施工现场人员（包括供货方、访问者）的活动，以及所有物料、设备和设施（包括自有的、租赁的、借用的）可能产生的职业病危害因素。

5.3 施工过程识别

5.3.1 项目经理部应委托有资质的职业卫生服务机构根据职业病危害因素的种类、浓度（或强度）、接触人数、频度及时间，职业病危害防护措施和发生职业病的危险程度，对不同施工阶段、不同岗位的职业病危害因素进行识别、检测和评价，确定重点职业病危害因素和关键控制点。当施工设备、材料、工艺或操作堆积发生改变时，并可能引起职业病危害因素的种类、性质、浓度（或强度）发生变化时，或者法律及其职业卫生要求变更时，项目经理部应重新组织进行职业病危害因素的识别、检测和评价。

5.3.2 粉尘

建筑行业在施工过程中产生多种粉尘，主要包括矽尘、水泥尘、电焊尘、石棉尘以及其他粉尘等。产生这些粉尘的作业主要有：

a) 矽尘：挖土机、推土机、刮土机、铺路机、压路机、打桩机、钻孔机、凿岩机、碎石设备作业；挖方工程、土方工程、地下工程、竖井和隧道掘进作业；爆破作业；喷砂除锈作业；旧建筑物的拆除和翻修作业。

b) 水泥尘：水泥运输、储存和使用。

c) 电焊尘：电焊作业。

d) 石棉尘：保温工程、防腐工程、绝缘工程作业；旧建筑物的拆除和翻修作业。

e) 其他粉尘：木材加工产生木尘；钢筋、铝合金切割产生金属尘；炸药运输、贮存和使用产生三硝基甲苯粉尘；装饰作业使用腻子粉产生混合粉尘；使用石棉代用品产生人造玻璃纤维、岩棉、渣棉粉尘。

5.3.3 噪声

建筑行业在施工过程中产生噪声，主要是机械性噪声和空气动力性噪声。产生噪声的作业主要有：

a) 机械性噪声：凿岩机、钻孔机、打桩机、挖土机、推土机、刮土机、自卸车、挖泥船、升降机、起重机、混凝土搅拌机、传输机等作业；混凝土破碎机、碎石机、压路机、铺路机，移动沥青铺设机和整面机等作业；混凝土振动棒、电动圆锯、刨板机、金属切割机、电钻、磨光机、射钉枪类工具等作业；构架、模板的装卸、安装、拆除、清理、修复以及建筑物拆除作业等。

b) 空气动力性噪声：通风机、鼓风机、空气压缩机、铆枪、发电机等作业；爆破作业；管道吹扫作业等。

5.3.4 高温

建筑施工活动多为露天作业，夏季受炎热气候影响较大，少数施工活动还存在热源（如沥青设备、焊接、预热等），因此建筑施工活动存在不同程度的高温危害。

3.3.5 振动

部分建筑施工活动存在局部振动和全身振动危害。产生局部振动的作业主要有：混凝土振动棒、凿岩机、风钻、射钉枪类、电钻、电锯、砂轮磨光机等手动工具作业。产生全身振动的作业主要有：挖土机、推土机、刮土机、移动沥青铺设机和整面机、铺路机、压路机、打桩机等施工机械以及运输车辆作业。

5.3.6 密闭空间

许多建筑施工活动存在密闭空间作业，主要包括：

a）排水管、排水沟、螺旋桩、桩基井、桩井孔、地下管道、烟道、隧道、涵洞、地坑、箱体、密闭地下室等，以及其他通风不足的场所作业；

b）密闭储罐、反应塔（釜）、炉等设备的安装作业；

c）建筑材料半年的船舱、槽车作业。

5.3.7 化学毒物

许多建筑施工活动可产生多种化学毒物，主要有：

a）爆破作业产生氮氧化物、一氧化碳等有毒气体；

b）油漆、防腐作业产生苯、甲苯、二甲苯、四氯化碳、酯类、汽油等有机蒸气，以及铅、汞、镉、铬等金属毒物；防腐作业产生沥青烟；

c）涂料作业产生甲醛、苯、甲苯、二甲苯，游离甲苯二异氰酸酯以及铅、汞、镉、铬等金属毒物；

d）建筑物防水工程作业产生沥青烟、煤焦油、甲苯、二甲苯等有机溶剂，以及石棉、阴离子再生乳胶、聚氨酯、丙烯酸树脂、聚氯乙烯、环氧树脂、聚苯乙烯等化学品；

e）路面敷设沥青作业产生沥青烟等；

f）电焊作业产生锰、镁、铬、镍、铁等金属化合物、氮氧化物、一氧化碳、臭氧等；

g）地下储罐等地下工作场所作业产生硫化氢、甲烷、一氧化碳和缺氧状态。

5.3.8 其他因素

许多建筑施工活动还存在紫外线作业、电离辐射作业、高气压作业、低气压作业、低温作业、高处作业和生物因素影响等。

a）紫外线作业主要有：电焊作业、高原作业等；

b）电离辐射作业主要有：挖掘工程、地下建筑以及在放射性元素本底高的区域作业，可能存在氡及其子体等电离辐射；X射线探伤、r射线探伤时存在X射线、r射线电离辐射；

c）高气压作业主要有：潜水作业、沉箱作业、隧道作业等；

d）低气压作业主要有：高原地区作业；

e）低温作业主要有：北方冬季作业；

f）高处作业主要有：吊臂起重机、塔式起重机、升降机作业等；脚手架和梯子作业等；

g）可能接触生物因素的作业主要有：旧建筑物和污染建筑物的拆除、疫区作业等可能存在炭疽、森林脑炎、布氏杆菌病、虫媒传染病和寄生虫病等。

6 职业病危害因素的预防控制

6.1 原则

项目经理部应根据施工现场职业病危害的特点，采取以下职业病危害防护措施：

6.1.1 选择不产生或少产生职业病危害的建筑材料、施工设备和施工工艺；配备有效的职业病危害防护设施，使工作场所职业病危害因素的浓度（或强度）符合GBZ 2.1T 和 GBZ2.2 的要求。职业病防护设施应进行经常性的维护、检修，确保其处于正常状态。

6.1.2 配备有效的个人防护用品。个人防护用品必须保证选型正确，维护得当。建立、健全个人防护用品的采购、验收、保管、发放、使用、更换、报废等管理制度，并建立发放台账。

6.1.3 制定合理的劳动制度，加强施工过程职业卫生管理和教育培训。

6.1.4 可能产生急性健康损害的施工现场设置检测报警装置、警示标识、紧急撤离通道和泄险区域等。

6.2 粉尘

6.2.1 技术革新。采取不产生或少产生粉尘的施工工艺、施工设备和工具,淘汰粉尘危害严重的施工工艺、施工设备和工具。

6.2.2 采用无危害或危害较小的建筑材料。如不使用石棉、含有石棉的建筑材料。

6.2.3 采用机械化、自动化或密闭隔离操作。如挖土机、推土机、刮土机、铺路机、压路机等施工机械的驾驶室或操作室密闭隔离,并在进风口设置滤尘装置。

6.2.4 采取湿式作业。如凿岩作业采用湿式凿岩机;爆破采用水封爆破;喷射混凝土采用湿喷;钻孔采用湿式钻孔;隧道爆破作业后立即喷雾洒水;场地平整时,配备洒水车,定时喷水作业;拆除作业时采用湿法作业拆除、装卸和运输含有石棉的建筑材料。

6.2.5 设置局部防尘设施和净化排放装置。如焊枪配置带有排风罩的小型烟尘净化器;凿岩机、钻孔机等设置捕尘器。

6.2.6 劳动者作业时应在上风向操作。

6.2.7 建筑物拆除和翻修作业时,在接触石棉的施工区域设置警示标识,禁止无关人员进入。

6.2.8 根据粉尘的种类和浓度为劳动者配备合适的呼吸防护用品,并定期更换。呼吸防护用品的配备应符合 GB/T18664 的要求,如在建筑物拆除作业中,可能接触含有石棉的物质(如石棉水泥板或石棉绝缘材料),为接触石棉的劳动者配备正压呼吸器、防护板;在罐内焊接作业时,劳动者应佩戴送风头盔或送风口罩;安装玻璃棉、消音及保温材料时,劳动者必须佩戴防尘口罩。

6.2.9 粉尘接触人员特别是石棉粉尘接触人员应做好戒烟/控烟教育。

6.2.10 石棉尘的防护按照 GBZ/T 193 执行,石棉代用品的防护按照 GBZ/T 198 执行。

6.3 噪声

6.3.1 尽量选用低噪声施工设备和施工工艺代替高噪声施工

设备和施工工艺。如使用低噪声的混凝土振动棒、风机、电动空压机、电锯等；以液压代替锻压，焊接代替铆接；以液压和电气钻代替风钻和手提钻；物料运输中避免大落差和直接冲击。

6.3.2 对高噪声施工设备采取隔声、消声、隔振降噪等措施，尽量将噪声源与劳动者隔开。如气动机械、混凝土破碎机安装消音器，施工设备的排风系统（如压缩空气排放管、内燃发动机废气排放管）安装消音器，机器运行时应关闭机盖（罩），相对固定的高噪声设施（如混凝土搅拌站）设置隔声控制室。

6.3.3 尽可能减少高噪声设备作业点的密度。

6.3.4 噪声超过85dB（A）的施工场所，应为劳动者配备有足够衰减值、佩戴舒适的护耳器，减少噪声作业，实施听力保护计划。

6.4 高温

6.4.1 夏季高温季节应合理调整作息时间，避开中午高温时间施工。严格控制劳动者加班，尽可能缩短工作时间，保证劳动者有充足的休息和睡眠时间。

6.4.2 降低劳动者的劳动强度，采取轮流作业方式，增加工间休息次数和休息时间。如：实行小换班，增加工间休息次数，延长午休时间，尽量避开高温时段进行室外高温作业等。

6.4.3 当气温高于37℃时，一般情况应当停止施工作业。

6.4.4 各种机械和运输车辆的操作室和驾驶室应设置空调。

6.4.5 在罐、釜等容器内作业时，应采取措施，做好通风和降温工作。

6.4.6 在施工现场附近设置工间休息室和浴室，休息室内设置空调或电扇。

6.4.7 夏季高温季节为劳动者提供含盐清凉饮料（含盐量为0.1%~0.2%），饮料水温应低于15℃。

6.4.8 高温作业劳动者应当定期进行职业健康检查，发现有职业禁忌证者应及时调离高温作业岗位。

6.5 振动

6.5.1 应加强施工工艺、设备和工具的更新、改造。尽可能避免使用手持风动工具；采用自动、半自动操作装置，减少手及肢体直接接触振动体；用液压、焊接、粘接等代替风动工具的铆接；采用化学法除锈代替除锈机除锈等。

6.5.2 风动工具的金属部件改用塑料或橡胶，或加用各种衬垫物，减少因撞击而产生的振动；提高工具把手的温度，改进压缩空气进出口方位，避免手部受冷风吹袭。

6.5.3 手持振动工具（如风动凿岩机、混凝土破碎机、混凝土振动棒、风钻、喷砂机、电钻、钻孔机、铆钉机、铆打机等）应安装防振手柄，劳动者应戴防振手套。挖土机、推土机、刮土机、铺路机、压路机等驾驶室应设置减振设施。

6.5.4 手持振动工具的重量，改善手持工具的作业体位，防止强迫体位，以减轻肌肉负荷和静力紧张；避免手臂上举姿势的确振动作业。

6.5.5 采取轮流作业方式，减少劳动者接触振动的时间，增加工间休息次数和休息时间。冬季还应注意保暖防寒。

6.6 密闭空间

按照 GBZ/T 205 的有关规定执行。

6.7 化学毒物

6.7.1 优先选用无毒建筑材料，用无毒材料替代有毒材料、低毒材料替代高毒材料。如尽可能选用无毒水性涂料；用锌钡白、钛钡白替代油漆中的铅白，用铁红替代防锈漆中的铅丹等；以低毒的低锰焊条替代毒性较大的高锰焊条；不得使用国家明令禁止使用或者不符合国家标准的有毒化学品，禁止使用含苯的涂料、稀释剂和溶剂。尽可能减少有毒物品的使用量。

6.7.2 尽可能采用可降低工作场所化学毒物浓度的施工工艺

和施工技术，使工作场所的化学毒物浓度符合 GBZ2.1 的要求，如涂料施工时用粉刷或辊刷替代喷涂。在高毒作业场所尽可能使用机械化、自动化或密闭隔离操作，使劳动者不接触或少接触高毒物品。

6.7.3 设置有效通风装置。在使用有机溶剂、稀料、涂料或挥发性化学物质时，应当设置全面通风或局部通风设施；电焊作业时，设置局部通风防尘装置；所有挖方工程、竖井、土方工程、地下工程、隧道等密闭空间作业应当设置通风设施，保证足够的新风量。

6.7.4 使用有毒化学品时，劳动者应正确使用施工工具，在作业点的上风向施工。分装和配制油漆、防腐、防水材料等挥发性有毒材料时，尽可能采用露天作业，并注意现场通风。工作完毕后，有机溶剂、容器应及时加盖封严，防止有机溶剂的挥发。使用过的有机溶剂和其他化学品应进行回收处理，防止乱丢乱弃。

6.7.5 使用有毒物品的工作场所应设置黄色区域警示线、警示标识和中文警示说明。警示说明应载明产生职业中毒危害的种类、后果、预防以及应急救援措施等内容。使用高毒物品的工作场所应当设置红色区域警示线、警示标识和中文警示说明，并设置通讯报警设备，设置应急撤离通道和必要的泄险区。

6.7.6 存在有毒化学品的施工现场附近应设置盥洗设备，配备个人专用更衣箱；使用高毒物品的工作场所还应设置淋浴间，其工作服、工作鞋帽必须存放在高毒作业区域内；接触经皮肤吸收及局部作用危险性大的毒物，应在工作岗位附近设置应急洗眼器和沐浴器。

6.7.7 接触挥发性有毒化学品的劳动者，应当配备有效的防毒口罩（或防毒面具）；接触经皮肤吸收或刺激性、腐蚀性的化学品，应配备有效的防护服、防护手套和防护眼镜。

6.7.8 拆除使用防虫、防蛀、防腐、防潮等化学物（如有机氯 666、汞等）的旧建筑物时，应采取有效的个人防护措施。

6.7.9 应对接触有毒化学品的劳动者进行职业卫生培训，使劳动者了解所接触化学品的毒性、危害后果，以及防护措施。从事高毒物品作业的劳动者应当经培训考核合格后，方可上岗作业。

6.7.10 劳动者应严格遵守职业卫生管理制度和安全生产操作规程，严禁在有毒有害工作场所进食和吸烟，饭前班后应及时洗手和更换衣服。

6.7.11 项目经理部应定期对工作场所的重点化学毒物进行检测、评价。检测、评价结果存入施工企业职业卫生档案，并向施工现场所在地县级卫生行政部门备案并向劳动者公布。

6.7.12 不得安排未成年工和孕期、哺乳期的女职工从事接触有毒化学品的作业。

6.8 紫外线

6.8.1 采用自动或半自动焊接设备，加大劳动者与辐射源的距离。

6.8.2 产生紫外线的施工现场应当使用不透明或半透明的挡板将该区域与其他施工区域分隔，禁止无关人员进入操作区域，避免紫外线对其他人员的影响。

6.8.3 电焊工必须佩戴专用的面罩、防护眼镜，以及有效的防护服和手套。

6.8.4 高原作业时，使用玻璃或塑料护目镜、风镜，穿长裤长袖衣服。

6.9 电离辐射

6.9.1 不选用放射性水平超过国家标准限值的建筑材料，尽可能避免使用放射源或射线装置的施工工艺。

6.9.2 合理设置电离辐射工作场所，并尽可能安排在固定的房间或围墙内；综合采取时间防护、距离防护、位置防护和屏蔽防护等措施，使受照射的人数和受照射的可能性均保持在可合理达到的尽量低水平。

6.9.3 按照GB18871的有关要求进行防护。将电离辐射工作场所划分为控制区和监督区，进行分区管理。在控制区的出入口或边界上设置醒目的电离辐射警告标志，在监督区边界上设置警戒绳、警灯、警铃和警告牌。必要时应设专人警戒。进行野外电离辐射作业时，应建立作业票制度，并尽可能安排在夜间进行。

6.9.4 进行电离辐射作业时，劳动者必须佩戴个人剂量计，并佩戴剂量报警仪。

6.9.5 电离辐射作业的劳动者经过必要的专业知识和放射防护知识培训，考核合格后持证上岗。

6.9.6 施工企业应建立电离辐射防护责任制，建立严格的操作规程、安全防护措施和应急救援预案，采取自主管理、委托管理与监督管理相结合的综合管理措施。严格执行放射源的运输、保管、交接和保养维修制度，做好放射源或射线装置的使用情况登记工作。

6.9.7 隧道、地下工程施工场所存在氡及其子体危害或其他放射性物质危害，应加强通风和防止内照射的个人防护措施。

6.9.8 工作场所的电离辐射水平应当符合国家有关职业卫生院标准。当劳动者受照射水平可能达到或超过国家标准时，应当进行放射作业危害评价，安排合适的工作时间和选择有效的个人防护用品。

6.10 高气压

6.10.1 应采用避免高气压作业的施工工艺和施工技术，如水下施工时采用管柱钻孔法替代潜涵作业，水上打桩替代沉箱作业等。

6.10.2 水下劳动者应严格遵守潜水作业制度工、减压规程和其他高气压施工安全操作规定。

6.11 高原作业和低气压

6.11.1 根据劳动者的身体状况确定劳动定额和劳动强度。初入高原的劳动者在适应期内应当降低劳动强度,并视适应情况逐步调整劳动量。

6.11.2 劳动者应注意保暖,预防呼吸道感染、冻伤、雪盲等。

6.11.3 进行上岗前职业健康检查,凡有中枢神经系统器质性疾病、器质性心脏病、高血压、慢性阻塞性肺病、慢性间质性肺病、伴肺功能损害的疾病、贫血、红细胞增多症等高原作业禁忌证的人员均不宜进入高原作业。

6.12 低温

6.12.1 避免或减少采用低温作业或冷水作业的施工工艺和技术。

6.12.2 低温作业应当采取自动化、机械化工艺技术,尽可能减少低温、冷水作业时间。

6.12.3 尽可能避免使用振动工具。

6.12.4 做好防寒保暖措施,在施工现场附近设置取暖室、休息室等。劳动者应当配备防寒服(手套、鞋)等个人防护用品。

6.13 高处作业

6.13.1 重视气象预警信息,当遇到大风、大雪、大雨、暴雨、大雾等恶劣天气时,禁止进行露天高处作业。

6.13.2 劳动者应进行严格的上岗前职业健康检查,有高血压、恐高症、癫痫、晕厥史、梅尼埃病、心脏病及心电图明显异常(心律失常)、四肢骨关节及运动功能障碍等职业禁忌证的劳动者禁止从事高处作业。

6.13.3 妇女禁忌从事脚手架的组装和拆除作业,月经期间禁忌从事 GB/T 36.8 规定的第级(含级)以上的作业,怀孕期间禁忌从事高处作业。

6.14 生物因素

6.14.1 施工企业在施工前应当进行施工场所是否为疫源地、

疫区、污染区的识别，尽可能避免在疫源地、疫区和污染区施工。

6.14.2 劳动者进入疫源地、疫区作业时，应当接种相应疫苗。

6.14.3 在呼吸道传染病疫区、污染区作业时，应当采取有效的消毒措施，劳动者应当配备防护口罩、防护面罩。

6.14.4 在虫媒传染病疫区作业时，应当采取有效的杀灭或驱赶病媒措施，劳动者应当配备有效的防护服、防护帽，宿舍配备有效的防虫媒进入的门帘、窗纱和蚊帐等。

6.14.5 在介水传染病疫区作业时，劳动者应当避免接触疫水作业，并配备有效的防护服、防护鞋和防护手套。

6.14.6 在消化道传染病疫区作业时，采取"五管一灭一消毒"措施（管传染源、管水、管食品、管粪便、管垃圾，消灭病媒，饮用水、工作场所和生活环境消毒）。

6.14.7 加强健康教育，使劳动者掌握传染病防治的相关知识，提高卫生防病知识。

6.14.8 根据施工现场具体情况，配备必要的传染病防治人员。

7 应急救援

7.1 项目经理部应建立应急救援机构或组织。

7.2 项目经理部应根据不同施工阶段可能发生的各种职业病危害事故制定相应的应急救援预案，并定期组织演练，及时修订应急救援预案。

7.3 按照应急救援预案要求，合理配备快速检测设备、急救药品、通讯工具、交通工具、照明装置、个人防护用品等应急救援装备。

7.4 可能突然泄漏大量有毒化学品或者易造成急性中毒的施工现场（如接触酸、碱、有机溶剂、危险性物品的工作场所等），应设置自动检测报警装置、事故通风设施、冲洗设备（沐浴器、洗眼器和洗手池）、应急撤离通道和必要的泄险区。除为劳动者配备常规个人防护用品外，还应在施工现场醒目位置放置必需的防毒用具，以务逃生、抢救时应急使用，并设有专人管理和维护，保证其处于良好待用状态。应急撤离通道应保持通畅。

7.5 施工现场应配备受过专业训练的急救员，配备急救箱、担架、毯子和其他急救用品，急救箱内应有明了的使用说明，并由受过急救培训的人员进行、定期检查和更换。超过200人的施工工地应配备急救室。

7.6 应根据施工现场可能发生的各种职业病危害事故对全体劳动者进行有针对性的应急救援培训，使劳动者掌握事故预防和自救互救等应急处理能力，避免盲目救治。

7.7 应与就近医疗机构建立合作关系，以便发生急性职业病危害事故时能够及时获得医疗救援援助。

8 辅助设施

8.1 办公区、生活区与施工区域应当分开布置，并符合卫生学要求。

8.2 施工现场或附近应当设置清洁饮用水供应设施。

8.3 施工企业应当为劳动者提供符合营养和卫生要求的食品，并采取预防食物中毒的措施。

8.4 施工现场或附近应当设置符合卫生要求的就餐场所、更衣室、浴室、厕所、盥洗设施，并保证这些设施牌完好状态。

8.5 为劳动者提供符合卫生要求的休息场所，休息场所应当设置男女卫生间、盥洗设施，设置清洁饮用水、防暑降温、防蚊虫、防潮设施，禁止在尚未竣工的建筑物内设置集体宿舍。

8.6 施工现场、辅助用室和宿舍应采用合适的照明器具，合理配置光源，提高照明质量，防止炫目、照度不均匀及频闪效应，并定期对照明设备进行维护。

8.7 生活用水、废弃物应当经过无害化处理后排放、填埋。

纺织印染业职业病危害预防控制指南

卫通〔2008〕23号

1 范围

本标准规定了纺织印染业职业病危害预防控制的基本要求、主要职业病危害因素、预防与控制、应急救援及职业病防治工作的评估等要求。

本标准适用于从事纺织印染业（参见附录B）所涉及的用人单位（以下简称为"企业"）、监督部门对纺织印染业进行预防性和经常性的卫生监督。

2 规范性引用文件

下列文件中的条款通过本标准的引用而成为本标准的条款。凡是注日期的引用文件，其随后所有的修改单（不包括勘误的内容）或修订版均不适用于本标准，然而，鼓励根据本标准达成协议的各方研究是否可使用这些文件的最新版本。凡是不注日期的引用文件，其最新版本适用于本标准。

GBZ1　　工业企业设计卫生标准

GBZ 2.1　　工作场所有害因素职业接触限值　化学有害因素

GBZ 2.2　　工作场所有害因素职业接触限值　物理因素

GBZ 158　　工作场所职业病危害警示标识

GBZ159　　工作场所空气中有害物质监测的采样规范

GBZ188　　职业健康监护技术规范

GB 935　　高温作业允许持续接触热时间限值

GB/T 4754　　国民经济行业分类与代码

GB 11651　　劳动防护用品选用规则

GB/T17592 纺织品　禁用偶氮染料的测定

GB 18401　国家纺织品基本安全技术规范

GB 18871 电离辐射防护与辐射源安全基准标准

GB/T 20382　纺织品　致癌染料的测定

GB/T 20383　纺织品　致敏性分散染料的测定

GB/T50033　建筑采光设计标准

GB 50034　建筑照明设计标准

FJJ107　纺织工业企业厂区行政管理及生活设施建筑设计规定

FZ117　纺织工业企业职业安全卫生计规范

3　术语和定义下列术语和定义适用于本标准。

3.1

纺织 text ile

以棉、毛、麻、丝、化学纤维为主要原料进行的纺纱、织布的生产活动。按照原料及工艺的不同分为棉纺织、毛纺织、麻纺织、丝绢纺织、化学纤维纺织、针织品及其制品制造等。

3.2

印染 dyeing

借助各种染整机械设备，通过物理机械的、化学的或物理化学的方法，对棉、毛、麻、丝、化学纤维纺织品进行漂白、染色、印花、轧光、起绒、缩水等的加工活动。对棉、麻、丝、化学纤维纺织品的加工称为印染，对毛纺织品的加工称为染整。

3.3

有机粉尘 organic dust

指动物性粉尘、植物性粉尘和人工有机粉尘。包括：棉、麻、毛、丝、有机染料及人造有机纤维粉尘。

3.4

染料 dyes 能够使纤维材料获得一定色泽的有色有机化合物。

3.5

印染助剂 textile auxiliar ies 用以改善纺织印染品质，提高纺织品附加值,在纺织印染中添加的化学物质。印染助剂产品种类繁多,有前处理助剂、染色助剂、印花助剂、后整理助剂等。

3.6

女职工劳动保护 labour protection of female worker

针对女职工在月经期、孕期、产期、哺乳期等生理特点,在工作任务分配和工作时间等方面所进行的特殊保护。

4 基本要求

4.1 纺织印染企业应当建立、健全职业病防治责任制,加强对本单位职业病防治工作的管理,推行清洁生产,不断提高职业病防治水平,并对本单位产生的职业病危害承担责任。

4.2 新建、扩建、改建纺织印染企业和纺织印染企业技术改造、技术引进项目(统称建设项目)在进行项目设计时,应根据所产生职业病危害因素的种类,积极采用新工艺和新技术,并按照GBZ 1、GB/T50033、GB 50034、FZ117 和 FJJ107 的要求,使工作场所符合职业卫生和有害因素职业接触限值的要求。

建设项目应进行职业病危害预评价和职业病危害控制效果评价。职业病危害评价应由依法设立的取得省级以上人民政府卫生行政部门资质认证的职业卫生技术服务机构承担。

4.3 纺织印染企业应设置或者指定职业卫生管理机构或组织,明确职业卫生负责人。配备专职或兼职的职业卫生管理人员,明确其职责。职业卫生管理人员应经过职业卫生的专业培训。

4.4 纺织印染企业应建立下列各项管理规章制度:

4.4.1 纺织印染企业应根椐本单位接触职业病危害因素的种类,制定职业病危害防护目标、计划和实施方案,完善各项职业卫生管理制度和操作规程,并在醒目位置设置公告栏,公布职业病防治的规章制度、操作规程、职业病危害事故应急救援措施等。

4.4.2 纺织印染企业应建立、健全职业卫生档案及其管理制度。档案内容和管理办法按照卫生行政部门颁布的有关规定执行。

4.4.3 纺织印染企业必须采用有效的职业病防护设施，并建立、健全相应的维护、管理制度，定期维护、检修，确保其处于正常状态。对可产生职业病危害的工作场所、设备及产品必须在其醒目位置设置警示标识。职业病危害警示标识应按照GBZ158的要求设置。

4.4.4 纺织印染企业必须建立、健全职业卫生宣传、培训制度。对劳动者进行上岗前和在岗期间定期的职业卫生培训，普及职业卫生知识，督促劳动者遵守职业病防治法律、法规、规章制度和操作规程，指导劳动者正确使用职业病防护设施和个人防护用品。劳动者应经过培训后上岗。单位的负责人及职业卫生管理人员也应当接受职业卫生培训。

4.4.5 纺织印染企业必须建立、健全个人防护用品的购买、验收、保管、配备、发放、使用、维护、更换和报废等管理制度，并为劳动者提供符合职业病防护要求的个人防护用品。个人防护用品应按GB11651的要求选用和配备。

4.4.6 纺织印染企业必须建立、健全职业健康监护制度、职业病报告制度和职业病患者管理制度。劳动者职业健康检查和医学观察的费用，由用人单位承担。

4.5 纺织印染企业不得将产生职业病危害的作业和产生严重职业病危害的设备转移给不具备职业病防护条件的单位和个人。不具备职业病防护条件的单位和个人不得接受产生职业病危害的作业。

4.6 纺织印染企业在与劳动者签定劳动合同时，应当将工作过程中可能产生的职业病危害及其后果、职业病防护措施和待遇如实告知劳动者，并在劳动合同中写明，不得隐瞒或欺骗。

4.7 根据纺织企业女职工多的特点，纺织企业应加强女职工劳动保护，建立女工档案。不得安排孕期、哺乳期的女职工从事对本人和胎儿、婴儿有危害的作业,并符合国家有关女职工劳动保护的规定。

4.8 禁止使用童工。不得安排未成年工从事接触职业病危害的作业。

4.9 劳动者应积极参与用人单位职业卫生工作的民主管理,发现职业病危害事故隐患时,应及时报告。

5 纺织印染业工作场所存在的主要职业病危害因素

5.1 纺织印染企业应科学的识别与确定本单位生产过程中存在的职业病危害因素的种类、性质和浓度(强度)(参见附录A)。

5.2 纺织印染业存在的职业病危害因素种类众多。纺织业存在的突出的职业病危害因素为有机粉尘、生产性噪声、高温高湿;印染业存在的突出的职业病危害因素为高温高湿、染化料及助剂。

5.3 纺织业的主要工艺流程为:原料处理(原料不同处理方法不同)→纺纱→机织准备→织造→整理。

在生产过程中存在的职业病危害因素有:

5.3.1 粉尘

主要存在于原料处理、纺纱、机织准备和织造工艺过程,尤以原料处理工艺为严重。

5.3.1.1 有机粉尘:主要存在于棉纺的清花、梳棉、精梳、并条、粗纱、细纱、络筒、织造、废棉处理等作业;麻纺的脱胶分级扎把、梳麻、成条、并条、粗纱、细纱等作业;毛纺的选毛、开毛、洗毛、烘毛、炭化、梳毛、粗纱、细纱、络筒等作业;丝纺的选茧、混茧和剥茧等作业。

5.3.1.2 其他粉尘:皮辊修理作业接触的橡胶粉尘。

5.3.2 噪声

主要是机械性噪声和流体动力性噪声。存在于纺纱、机织准备、织造工艺过程。尤以粗纱、细纱、络筒、织造、精织工艺为严重。

5.3.3 高温高湿

单纯的高温存在于原料处理和辅助工种,如毛纺的炭化工艺、铸针。

高温高湿存在于原料处理、纺纱、机织准备、织造工艺过程。如纺纱和织造车间;机织准备的浆纱、蒸纱、烘纱工艺;毛纺的洗毛工艺;丝纺的煮茧、缫丝工艺等。

5.3.4 化学毒物

化学毒物主要存在于原料处理、机织准备和辅助工序。

a) 麻纺的原料处理工艺主要接触氢氧化钠、硫化氢、乙醇、氯气;

b) 毛纺的洗毛工艺接触碳酸钠,炭化工艺接触硫酸;

c) 浆纱工艺接触酚;

d) 其他:皮辊修理、修梭、布机皮工接触苯;修筘、修焊针、铸针岗位接触铅。

5.3.5 其他

a) 棉、麻、毛原料仓储运输工种接触螨、羌、蚤;

b) 开毛、选毛工艺接触炭疽杆菌、布氏杆菌;用[60]钴进行羊毛消毒时接触电离辐射;

c) 穿筘、验布、择补工种存在不良照明和视觉紧张;

d) 挡车工的不良工作体位。

5.4 印染业的主要工艺流程为:练漂(前处理)→染色→印花→整理(后整理)四大工序。

在生产过程中存在的职业病危害因素有:

5.4.1 高温高湿 高温高湿是以湿态加工过程为主的印染企业的主要职业病危害因素,主要存在于练漂(煮呢、烘呢、退浆、煮练、漂白、开幅、轧水、烘干、丝光、浆丝)、染色、印花、定型、整理工艺过程。

5.4.2 化学毒物

a) 染料:磅(称)料、配料(液)、调色、印染和印花工艺过程中接触各种染料。染料不同，接触的化学毒物种类也不同。如偶氮染料染色接触氮氧化合物；硫化染料染色接触硫化氢等；

b) 助剂：磅（称）料、配料（液）、调色、练漂、印染、印花和整理工艺过程中接触各种印染助剂。如前处理剂氢氧化钠、碳酸钠、氯气；树脂整理剂甲醛；涂层整理剂汽油、四氯化碳、甲苯、二甲苯等；

c) 其他：印花花筒雕刻、制版（网）接触硝酸、盐酸、铬酸、乙醇；烧毛工艺接触汽油、一氧化碳。

5.5 辅助车间存在的职业病危害因素因素有：

油漆作业接触的苯、甲苯、二甲苯；锅炉作业接触的煤尘；机修电焊作业接触的电焊烟尘、紫外线、氮氧化物等。

5.6 纺织印染业职业病危害因素的种类、岗位分布及可能引起的职业病参见附录C；各岗位存在的职业病危害因素、对健康的潜在影响及防护措施参见附录D；致敏、致癌染料明细参见附录E。

5.7 在生产中发现某一作业人群某种症或某种疾病的高发现象时，纺织印染企业应及时向职业卫生服务机构汇报，进行职业病危害因素的识别与评估。

6 职业病危害因素的预防与控制

6.1 基本卫生措施

6.1.1 职业性有害因素的监测

6.1.1.1 纺织印染企业应当实施由专人负责的职业病危害因素日常监测，并确保监测系统处于正常运行状态，对主要职业病危害因素进行动态观察，及时发现、处理职业病危害隐患。监测人员应定期接受相关技术培训。应在醒目位置设置公告栏，定期公布日常监测结果。

6.1.1.2 纺织印染企业应积极配合职业卫生服务机构定期对工作场所进行职业病危害因素检测。经常性卫生监督监测，最少每年监测一次。对不符合卫生标准要求的监测点，用人单位应当制定整改方案，采取治理措施，使之符合国家职业卫生标准和卫生要求。

纺织印染业普遍存在的职业病危害因素的职业接触限值按 GBZ 2.1 和 GBZ 2.2 执行，参见附录 F。如用人单位所采用的设备及工艺中使用或产生的其他化学性有害因素未列出的，按 GBZ 2.1 执行。

不同作业岗位职业病危害因素的监测项目参见附录 D。

6.1.1.3 监测点的设定和采样方法按 GBZ159 规定执行。工作场所危害因素的测定方法按国家颁布的标准方法进行检测，在无上述规定时，也可采用国内外公认的测定方法。

6.1.1.4 职业病危害因素检测由依法设立的取得省级以上人民政府卫生行政部门资质认证的职业卫生技术服务机构进行。

6.1.2 健康监护与健康管理

6.1.2.1 纺织印染企业应当组织本单位接触职业病危害因素的劳动者进行职业健康检查（上岗前、在岗期间、离岗时和应急的健康检查），并将检查结果如实告知劳动者。

6.1.2.2 不得安排未经过上岗前职业健康检查的劳动者从事接触职业病危害的作业；不得安排有职业禁忌证的劳动者从事其所禁忌的作业；对需要复查和医学观察的劳动者，应当按照体检机构的要求安排其复查和医学观察。

6.1.2.3 纺织印染业主要职业病危害因素的健康检查项目、检查周期及职业禁忌按 GBZ188 执行。不同作业岗位在岗期间健康检查项目及周期参见附录 G。

6.1.2.4 纺织印染企业应当建立和按规定妥善保存职业健康监护档案。健康检查资料应及时存入个人职业健康监护档案。

6.1.2.5 职业健康检查由省级卫生行政部门批准从事职业健康检查的医疗卫生机构承担。

6.1.3 劳动者应熟知工作岗位存在的职业病危害因素的种类、

对人体健康的损害及相应的防护措施。

6.1.4 劳动者应熟知与所接触职业病危害因素相适应的个人防护用品的的性能、正确使用和维护方法。进入工作场所时，必须正确使用和佩戴个人防护用品。

6.1.5 劳动者应严格遵守各项职业卫生管理制度和安全生产操作规程，严禁在有毒有害和易燃易爆工作场所进食和吸烟。

6.2 纺织

6.2.1 粉尘的防护

6.2.1.1 新建纺织企业应采用机械化、自动化或密闭隔离操作，减少操作人员与粉尘的直接接触。现有企业应加快纺织设备的更新、改造，淘汰对环境造成污染的陈旧设备，采用不产生或少产生粉尘的工艺和设备，使工作场所粉尘的浓度符合国家职业卫生标准的要求。如在棉纺的前纺工段，采用开清棉联合机，减少操作人员接触粉尘的机会；采用清梳联合机，实行密闭化生产。

6.2.1.2 生产过程中，凡产生粉尘的车间或工序，均应安装除尘设备和净化排放装置，并保证正常运行。如棉纺厂的清花、梳棉、并条、废棉处理等工序；麻纺厂的脱胶分级扎把、梳麻、成条、并条等工序；毛纺厂的选毛、洗毛、烘毛、炭化、梳毛等工序；丝绸纺织厂的选茧等工序：针织厂的络筒（倒纱）、拉毛起绒等工序。

布机车间宜安装地吸尘装置；细纱车间细纱机之间宜安装移动式吸尘装置；苎麻分级扎把宜采用湿法除尘系统进行处理；毛纺厂的选毛车间安装的吸尘装置，应置于操作台（网）的侧面，以利于吸尘。

6.2.1.3 毛纺织厂的打土间、选毛间应与洗毛间分开设置。

6.2.1.4 磨皮辊产生的橡胶粉尘应采取局部通风或密闭式操作。

6.2.1.5 工作场所应及时清扫，清除积尘。不得采用压缩空气吹扫车间地面、机械设备、建筑构件等表面的积尘，宜采用真空吸尘装置。

6.2.1.6 纺织企业应根据粉尘的性质，为劳动者配备阻尘率和透气率高、与面部的密合性好、重量轻、不影响工人视野及操作的过滤式防尘口罩。

6.2.1.7 劳动者在操作过程中应坚持佩戴防尘口罩。

6.2.2 噪声的防护

6.2.2.1 新建企业应以低噪声的设备代替高噪声的设备，如采用新型纺纱设备；用无梭织机（喷水织机、喷气织机、剑杆织机、片梭织机）逐步替代有梭织机；纺织空调系统中采用低噪声风机等。现有企业工作场所噪声声级超过85dB（A）的，特别是超过100 dB（A）的噪声，应首先从声源上进行控制，加强纺织设备的更新、改造，使工作场所噪声声级符合同家卫生标准。

6.2.2.2 上述措施仍达不到要求的，则应采取隔声、消声、吸声、隔振等工程措施，降低工作场所噪声，如安装吸声板等。噪声控制设备必须经常维修保养，确保噪声控制效果。

6.2.2.3 工作场所噪声声级超过85dB（A）时，纺织企业应当为劳动者配备有足够声衰减值、佩戴舒适的护耳器，并定期进行听力保护培训，检查护耳器的使用和维护情况，确保听力保护效果。听力保护应按照卫生部卫法监发〔1999〕第620号文件《工业企业职工听力保护规范》的要求执行。

6.2.2.4 劳动者进入噪声工作场所时，应当遵守操作规程，首先佩戴护耳器，并正确使用。不佩戴者不得进入噪声工作场所。

6.2.3 高温、高湿的防护

6.2.3.1 纺织企业工艺上以湿度主要要求的空气调节车间（纺纱、织造车间）应采取相应措施使工作场所空气温湿度符合表1的要求。

6.2.3.2 如因工艺要求或技术原因暂时无法达到此标准的，

应减少高温作业时间,持续接触热时间按 GB 935 执行或采取降温和综合防暑措施。

6.2.3.3　车间内热源分布要合理,易于散热。可将热源布置在常年最小频率风向上风侧或独立的车间内,如铸针用的熔铅炉应设在独立的车间内,熔铅炉上方应安装局部排风罩。

6.2.3.4　高温、高湿操作区应有空调设施、局部通风或全面通风装置,或在人员操作相对固定处设局部送风口,加强通风换气。如纺织厂的浆纱车间、调浆间和毛纺织厂的洗毛车间、炭化工艺等应安装局部排风装置;丝绸纺织厂的煮茧、缫丝车间应进行全面通风和局部送风。

6.2.3.5　入暑前对高温作业劳动者进行健康检查,发现就业禁忌证者应暂时调离高温作业。

6.2.3.6　高温作业车间应设有工间休息室,休息室内气温不应高于室外气温;设有空调的休息室室内气温应保持在25℃~27℃。

6.2.3.7　在炎热季节对高温作业工人应供应含盐清凉饮料(含盐量为0.1%~0.2%),饮料水温不宜高于15℃。

6.2.4　毒物的防护

6.2.4.1　纺织企业应采用无毒或低毒的原材料、不产生或少产生有毒化学物质的工艺和设备。产生有毒化学物质的生产过程和设备宜机械化、自动化或密闭隔离操作,减少操作人员直接接触,并必须有吸入、净化和排放装置。

6.2.4.2　凡接触酸、碱等腐蚀性,或因事故可能发生化学性灼伤,以及经皮肤吸收引起急性中毒的工作场所,如浆纱工艺、毛纺的洗毛、炭化车间和麻纺的原料处理工艺等应设有盥洗、冲洗眼睛、紧急事故淋浴设施,并应设置不断水的供水设备。

6.2.4.3　产生酸雾的车间如毛纺厂炭化车间应安装排风装置,以达到国家卫生标准。

6.2.4.4　亚麻厂车间内粗纱煮漂、麻棉煮漂用的亚氯酸钠应按危险品要求与其他化工料分别堆置，配制亚氯酸钠漂液的工作场所，应安装局部排风设备。

6.2.4.5 苎麻脱胶、漂洗生产过程中采用氢氧化钠、硫酸、液氯等有毒、腐蚀性的化工原料，操作过程中应加强防护，防止对皮肤、眼部的灼伤；逸出的游离氯气，应设置相应的排气装置，抽至室外高空排放。

6.2.4.6 当酸、碱等腐蚀性物质引起化学性皮肤灼伤时，应迅速将患者移离现场，脱去被化学物污染的衣服、手套、鞋袜等，立即用大量流动清水彻底冲洗，冲洗时间一般要求20min～30min。碱性物质灼伤时清洗时间应延长。

6.2.4.7 当酸、碱等腐蚀性物质引起化学性眼部灼伤时，应立即就近仔细冲洗眼部，去除残留化学物。

6.2.4.8 铸针室的熔铅炉和修焊室、修箱岗位应有局部密闭排风罩，使室内空气中铅烟浓度符合国家职业卫生标准。

6.2.4.9 其他纺织辅助工序（如电焊、油漆、修梭、皮辊修理、化验、污水处理等）接触的生产性毒物，应根据生产工艺和毒物的特性，采用通风等有效措施使工作场所空气中有害物质的浓度达到国家职业卫生标准。

6.2.4.10 根据接触生产性毒物的种类和性质，劳动者应佩戴相应的个人防护用品。如接触强酸、强碱的岗位，劳动者应穿戴防酸碱工作服、橡胶手套和防护眼镜。

6.2.5 其他职业病危害因素的防护

6.2.5.1 选毛车间应对原毛采取有效的消毒措施，防止操作者感染布氏杆菌病和炭疽病。

6.2.5.2 采用^{60}钴辐射法对羊毛进行消毒时，辐射室和操作者必须有严密的安全防护措施。放射源应存放在专用源库，并有明显的标识。放射源的使用、贮存、运输、装卸、监督和管理等按照GB18871的有关规定执行。

6.2.5.3 整经、穿筘、织布、验布、择补、修补等视觉作业工作面上的照度标准值参见附录 H。

6.3 印染

6.3.1 印染染化料、助剂等化学物质的防护

6.3.1.1 积极鼓励开发、引进、推广应用先进的生产工艺和自动化程度高、密闭性好的设备，尽量减少染化料、助剂与劳动者的直接接触。如采用无碱退煮漂工艺（生物降解退煮漂工艺）、无醛后整理技术等加工技术，从根本上避免与有毒化学物质的接触。

6.3.1.2 应用新型环保染化料和助剂，用无毒或低毒的染化料和助剂代替有毒、高毒的染化料和助剂。禁用可分解芳香胺染料（参见附录 F）。宜限制使用或禁用诱变剂或对生殖有害的染料；可能致过敏的染料；铬媒染料；含铜、铬或镍的金属络合染料；重金属含量超过规定值的染料和甲醛。宜限制使用或禁用生物降解性低、有强毒性、含有游离甲醛、含有环境激素、可萃取重金属的含量超过允许限量、含有致癌芳香胺、含有超过允许限量的可吸附有机卤化物、含有其他有害化学物质的纺织助剂。

6.3.1.3 印染企业应向染化料和助剂供应商索取中文说明书。说明书应当载明产品特性、存在的有害因素成分、可能产生的危害后果、安全使用注意事项、防护以及应急救治措施等内容。

6.3.1.4 印染染化料、助剂的存放应有专用存贮间，分类存放。在入口处和存放处设置相应的警示标识以及简明的中文警示说明，同时设置通风排毒与自动报警装置。

6.3.1.5 应有专用染化料磅（称）料、配料（液）操作间，并与劳动者休息室严格分开。磅（称）料操作间应保持工作台面和地面的清洁，应有良好的通风。

6.3.1.6 在染化料的开箱、分称、装桶、分送过程中，磅（称）料工应配戴手套、防毒口罩或防毒面具。操作结束后，染化料和助剂的包装应及时加盖或密封。操作工应及时清洗暴露皮肤和

工作服，班后洗澡。

6.3.1.7 染色、印花和整理车间应安装强排风设施，使有害毒物浓度符合国家职业卫生标准。

使用甲苯、醋酸乙酯和汽油等挥发性大且易燃、有毒的溶剂的车间应有通风设施。

散发有害气体的生产工序，如氯漂、酸洗、亚氯酸钠漂白、重氮化色、树脂整理、漂练调配等，应设有罩盖及局部排风装置。

6.3.1.8 制版间应与主要车间隔开，并有通风排毒设施。

6.3.1.9 烧毛机应安装局部排风装置。

6.3.1.10 染色、印花和整理工序的劳动者应佩戴相应的个人防护用品。

接触强腐蚀性化学物质（硫酸、硝酸、盐酸、烧碱等）的工段，应配备相应的个人防护用品，如防酸碱工作服、橡胶手套和防护眼镜，并在现场设置急救用品和冲洗设备。

6.3.1.11 当酸、碱等腐蚀性物质引起化学性皮肤灼伤和化学性眼部灼伤时，处理方法见6.2.4.6和6.2.4.7。

6.3.2 高温、高湿的防护

6.3.2.1 改革生产工艺，降低生产车间的温度和湿度。

6.3.2.2 生产车间内以蒸气、燃气和燃油为主的传、导热设备和管网应经过严密的隔热处理。

6.3.2.3 漂练、染色、印花、整理车间应有足够的自然通风和机械通风，增加车间换气次数。

热定型机、烘干机、漂纱机、染色机、预缩机等设备处应设排气装置。工人操作位置相对固定处，宜设置可调节的局部送风。

6.3.2.4 其他防护措施按6.2.3执行。

6.3.3 印染厂噪声源主要在空压机、送风机、引风机和高压高速排气等处，应根据不同情况采用隔声、消声、隔振、阻尼及综合控制的措施，使之达到噪声卫生标准。

7 应急救援

7.1 纺织印染企业必须建立、健全职业病危害事故应急救援机制，明确应急救援机构或组织。

7.2 应急救援机构或组织应对本单位存在的职业病危害因素进行排查，对可能发生职业病危害事故的工作场所和可能引起职业病危害事故的因素制定相应的应急救援预案。如接触强酸强碱的工作场所、危险化学品储存库和印染高温工作场所等。

7.3 对可能发生急性职业损伤的有毒有害及易燃易爆的工作场所（如接触强酸强碱的工作场所、危险化学品储存库），必须设置自动报警装置和事故通风设施，现场配备急救用品、冲洗设备、应急撤离通道等应急设施，并保证其处于良好待用状态。

7.4 应不定期组织相关人员进行现场模拟演练，提高应急救援水平。

7.5 发生职业病危害事故时，应立即向有关行政主管部门报告。

7.6 纺织印染企业应与职工医院和就近医疗机构保持密切联系和建立合作关系，以便发生急性职业病危害事故时能够得到及时的医疗救助。

8 职业病防治工作的评估

8.1 为掌握本单位职业病危害的控制效果，纺织印染企业应定期由主管安全生产的负责人组织安全、技术、工会等部门人员、职业卫生管理人员、职工代表和专家，共同对本单位的职业病防治工作进行综合评估。

8.2 评估周期为二年。

8.3 评估内容包括：

a) 组织机构是否完善；

b) 各项规章制度是否健全；

c) 职业卫生档案的建立情况；

d) 防护设施的配备和运行情况;
e) 危害警示标识的设置情况;
f) 个人防护用品的配备和使用情况;
g) 应急救援措施是否齐全,辅助用室是否满足基本卫生要求;
h) 职业安全培训情况;
i) 职业病危害因素监测与评价情况;
j) 职业健康监护执行情况;
k) 劳动者的健康状况以及职业病的发病情况;
l) 对职业病防治工作的建议

8.4 对评估中发现的问题,应制定出切实可行的解决方案加以解决。

8.5 评估报告存入职业卫生档案,并上报当地卫生行政部门。

附录A(资料性附录):正确使用本标准的说明(略)

附录B(资料性附录):纺织印染业类别细目及说明(略)

附录C(资料性附录):纺织印染业职业病危害因素的种类、岗位分布及可能引起的职业病(略)

附录D(资料性附录):纺织印染业各岗位存在的职业病危害因素、对健康的潜在影响及防护措施(略)

附录E(资料性附录):纺织印染业致敏、致癌染料明细(略)

附录F(资料性附录):纺织印染业存在的职业病危害因素职业接触限值(略)

附录G(资料性附录):纺织印染业不同作业岗位在岗期间健康检查项目及周期(略)

附录H(资料性附录):纺织印染业作业面上的照度标准值(略)

使用有毒物品作业场所
劳动保护条例

中华人民共和国国务院令

第 352 号

《使用有毒物品作业场所劳动保护条例》已经 2002 年 4 月 30 日国务院第 57 次常务会议通过,现予公布,自公布之日起施行。

总理 朱镕基
二〇〇二年五月十二日

第一章 总 则

第一条 为了保证作业场所安全使用有毒物品,预防、控制和消除职业中毒危害,保护劳动者的生命安全、身体健康及其相关权益,根据职业病防治法和其他有关法律、行政法规的规定,制定本条例。

第二条 作业场所使用有毒物品可能产生职业中毒危害的劳动保护,适用本条例。

第三条 按照有毒物品产生的职业中毒危害程度,有毒物品分为一般有毒物品和高毒物品。国家对作业场所使用高毒物品实行特殊管理。

一般有毒物品目录、高毒物品目录由国务院卫生行政部门会同有关部门依据国家标准制定、调整并公布。

第四条 从事使用有毒物品作业的用人单位(以下简称用人单位)应当使用符合国家标准的有毒物品,不得在作业场所使用国家明令禁止使用的有毒物品或者使用不符合国家标准的有毒物品。

用人单位应当尽可能使用无毒物品;需要使用有毒物品的,应当优先选择使用低毒物品。

第五条 用人单位应当依照本条例和其他有关法律、行政法规的规定,采取有效的防护措施,预防职业中毒事故的发生,依法参加工伤保险,保障劳动者的生命安全和身体健康。

第六条 国家鼓励研制、开发、推广、应用有利于预防、控制、消除职业中毒危害和保护劳动者健康的新技术、新工艺、新材料;限制使用或者淘汰有关职业中毒危害严重的技术、工艺、材料;加强对有关职业病的机理和发生规律的基础研究,提高有关职业病防治科学技术水平。

第七条 禁止使用童工。

用人单位不得安排未成年人和孕期、哺乳期的女职工从事使用有毒物品的作业。

第八条 工会组织应当督促并协助用人单位开展职业卫生宣传教育和培训,对用人单位的职业卫生工作提出意见和建议,与用人单位就劳动者反映的职业病防治问题进行协调并督促解决。

工会组织对用人单位违反法律、法规,侵犯劳动者合法权益的行为,有权要求纠正;产生严重职业中毒危害时,有权要求用人单位采取防护措施,或者向政府有关部门建议采取强制性措施;发生职业中毒事故时,有权参与事故调查处理;发现危及劳动者生命、健康的情形时，有权建议用人单位组织劳动者撤离危险现场，用人单位应当立即作出处理。

第九条　县级以上人民政府卫生行政部门及其他有关行政部门应当依据各自的职责，监督用人单位严格遵守本条例和其他有关法律、法规的规定，加强作业场所使用有毒物品的劳动保护，防止职业中毒事故发生，确保劳动者依法享有的权利。

第十条　各级人民政府应当加强对使用有毒物品作业场所职业卫生安全及相关劳动保护工作的领导，督促、支持卫生行政部门及其他有关行政部门依法履行监督检查职责，及时协调、解决有关重大问题；在发生职业中毒事故时，应当采取有效措施，控制事故危害的蔓延并消除事故危害，并妥善处理有关善后工作。

第二章　作业场所的预防措施

第十一条　用人单位的设立，应当符合有关法律、行政法规规定的设立条件，并依法办理有关手续，取得营业执照。

用人单位的使用有毒物品作业场所，除应当符合职业病防治法规定的职业卫生要求外，还必须符合下列要求：

（一）作业场所与生活场所分开，作业场所不得住人；

（二）有害作业与无害作业分开，高毒作业场所与其他作业场所隔离；

（三）设置有效的通风装置；可能突然泄漏大量有毒物品或者易造成急性中毒的作业场所，设置自动报警装置和事故通风设施；

（四）高毒作业场所设置应急撤离通道和必要的泄险区。

用人单位及其作业场所符合前两款规定的，由卫生行政部门发给职业卫生安全许可证，方可从事使用有毒物品的作业。

第十二条　使用有毒物品作业场所应当设置黄色区域警示线、

警示标识和中文警示说明。警示说明应当载明产生职业中毒危害的种类、后果、预防以及应急救治措施等内容。

高毒作业场所应当设置红色区域警示线、警示标识和中文警示说明，并设置通讯报警设备。

第十三条 新建、扩建、改建的建设项目和技术改造、技术引进项目（以下统称建设项目），可能产生职业中毒危害的，应当依照职业病防治法的规定进行职业中毒危害预评价，并经卫生行政部门审核同意；可能产生职业中毒危害的建设项目的职业中毒危害防护设施应当与主体工程同时设计，同时施工，同时投入生产和使用；建设项目竣工，应当进行职业中毒危害控制效果评价，并经卫生行政部门验收合格。

存在高毒作业的建设项目的职业中毒危害防护设施设计，应当经卫生行政部门进行卫生审查；经审查，符合国家职业卫生标准和卫生要求的，方可施工。

第十四条 用人单位应当按照国务院卫生行政部门的规定，向卫生行政部门及时、如实申报存在职业中毒危害项目。

从事使用高毒物品作业的用人单位，在申报使用高毒物品作业项目时，应当向卫生行政部门提交下列有关资料：

（一）职业中毒危害控制效果评价报告；

（二）职业卫生管理制度和操作规程等材料；

（三）职业中毒事故应急救援预案。

从事使用高毒物品作业的用人单位变更所使用的高毒物品品种的，应当依照前款规定向原受理申报的卫生行政部门重新申报。

第十五条 用人单位变更名称、法定代表人或者负责人的，应当向原受理申报的卫生行政部门备案。

第十六条 从事使用高毒物品作业的用人单位，应当配备应急救援人员和必要的应急救援器材、设备，制定事故应急救援预案，并根据实际情况变化对应急救援预案适时进行修订，定期组织演练。事故应急救援预案和演练记录应当报当地卫生行政部门、安全生产监督管理部门和公安部门备案。

第三章 劳动过程的防护

第十七条 用人单位应当依照职业病防治法的有关规定，采取有效的职业卫生防护管理措施，加强劳动过程中的防护与管理。

从事使用高毒物品作业的用人单位，应当配备专职的或者兼职的职业卫生医师和护士；不具备配备专职的或者兼职的职业卫生医师和护士条件的，应当与依法取得资质认证的职业卫生技术服务机构签订合同，由其提供职业卫生服务。

第十八条 用人单位应当与劳动者订立劳动合同，将工作过程中可能产生的职业中毒危害及其后果、职业中毒危害防护措施和待遇等如实告知劳动者，并在劳动合同中写明，不得隐瞒或者欺骗。

劳动者在已订立劳动合同期间因工作岗位或者工作内容变更，从事劳动合同中未告知的存在职业中毒危害的作业时，用人单位应当依照前款规定，如实告知劳动者，并协商变更原劳动合同有关条款。

用人单位违反前两款规定的，劳动者有权拒绝从事存在职业中毒危害的作业，用人单位不得因此单方面解除或者终止与劳动者所订立的劳动合同。

第十九条 用人单位有关管理人员应当熟悉有关职业病防治的法律、法规以及确保劳动者安全使用有毒物品作业的知识。

用人单位应当对劳动者进行上岗前的职业卫生培训和在岗期间的定期职业卫生培训，普及有关职业卫生知识，督促劳动者遵守有关法律、法规和操作规程，指导劳动者正确使用职业中毒危害防护设备和个人使用的职业中毒危害防护用品。

劳动者经培训考核合格，方可上岗作业。

第二十条 用人单位应当确保职业中毒危害防护设备、应急救援设施、通讯报警装置处于正常适用状态，不得擅自拆除或者停止运行。

用人单位应当对前款所列设施进行经常性的维护、检修，定期检测其性能和效果，确保其处于良好运行状态。

职业中毒危害防护设备、应急救援设施和通讯报警装置处于不正常状态时，用人单位应当立即停止使用有毒物品作业；恢复正常状态后，方可重新作业。

第二十一条 用人单位应当为从事使用有毒物品作业的劳动者提供符合国家职业卫生标准的防护用品，并确保劳动者正确使用。

第二十二条 有毒物品必须附具说明书，如实载明产品特性、主要成分、存在的职业中毒危害因素、可能产生的危害后果、安全使用注意事项、职业中毒危害防护以及应急救治措施等内容；没有说明书或者说明书不符合要求的，不得向用人单位销售。

用人单位有权向生产、经营有毒物品的单位索取说明书。

第二十三条 有毒物品的包装应当符合国家标准，并以易于劳动者理解的方式加贴或者拴挂有毒物品安全标签。有毒物品的包装必须有醒目的警示标识和中文警示说明。

经营、使用有毒物品的单位，不得经营、使用没有安全标签、警示标识和中文警示说明的有毒物品。

第二十四条 用人单位维护、检修存在高毒物品的生产装置，必须事先制订维护、检修方案，明确职业中毒危害防护措施，确保维护、检修人员的生命安全和身体健康。

维护、检修存在高毒物品的生产装置，必须严格按照维护、检修方案和操作规程进行。维护、检修现场应当有专人监护，并设置警示标志。

第二十五条 需要进入存在高毒物品的设备、容器或者狭窄封闭场所作业时，用人单位应当事先采取下列措施：

（一）保持作业场所良好的通风状态，确保作业场所职业中毒危害因素浓度符合国家职业卫生标准；

（二）为劳动者配备符合国家职业卫生标准的防护用品；

（三）设置现场监护人员和现场救援设备。

未采取前款规定措施或者采取的措施不符合要求的，用人单位不得安排劳动者进入存在高毒物品的设备、容器或者狭窄封闭场所作业。

第二十六条 用人单位应当按照国务院卫生行政部门的规定，定期对使用有毒物品作业场所职业中毒危害因素进行检测、评价。检测、评价结果存入用人单位职业卫生档案，定期向所在地卫生行政部门报告并向劳动者公布。

从事使用高毒物品作业的用人单位应当至少每一个月对高毒作业场所进行一次职业中毒危害因素检测；至少每半年进行一次职业中毒危害控制效果评价。

高毒作业场所职业中毒危害因素不符合国家职业卫生标准和卫生要求时，用人单位必须立即停止高毒作业，并采取相应的治理措施；经治理，职业中毒危害因素符合国家职业卫生标准和卫生要求的，方可重新作业。

第二十七条 从事使用高毒物品作业的用人单位应当设置淋浴间和更衣室，并设置清洗、存放或者处理从事使用高毒物品作业劳动者的工作服、工作鞋帽等物品的专用间。

劳动者结束作业时，其使用的工作服、工作鞋帽等物品必须存放在高毒作业区域内，不得穿戴到非高毒作业区域。

第二十八条 用人单位应当按照规定对从事使用高毒物品作业的劳动者进行岗位轮换。

用人单位应当为从事使用高毒物品作业的劳动者提供岗位津贴。

第二十九条 用人单位转产、停产、停业或者解散、破产的，应当采取有效措施,妥善处理留存或者残留有毒物品的设备、包装物和容器。

第三十条　用人单位应当对本单位执行本条例规定的情况进行经常性的监督检查;发现问题,应当及时依照本条例规定的要求进行处理。

第四章　职业健康监护

第三十一条　用人单位应当组织从事使用有毒物品作业的劳动者进行上岗前职业健康检查。

用人单位不得安排未经上岗前职业健康检查的劳动者从事使用有毒物品的作业,不得安排有职业禁忌的劳动者从事其所禁忌的作业。

第三十二条　用人单位应当对从事使用有毒物品作业的劳动者进行定期职业健康检查。

用人单位发现有职业禁忌或者有与所从事职业相关的健康损害的劳动者,应当将其及时调离原工作岗位,并妥善安置。

用人单位对需要复查和医学观察的劳动者,应当按照体检机构的要求安排其复查和医学观察。

第三十三条　用人单位应当对从事使用有毒物品作业的劳动者进行离岗时的职业健康检查;对离岗时未进行职业健康检查的劳动者,不得解除或者终止与其订立的劳动合同。

用人单位发生分立、合并、解散、破产等情形的,应当对从事使用有毒物品作业的劳动者进行健康检查,并按照国家有关规定妥善安置职业病病人。

第三十四条　用人单位对受到或者可能受到急性职业中毒危害的劳动者,应当及时组织进行健康检查和医学观察。

第三十五条　劳动者职业健康检查和医学观察的费用,由用人单位承担。

第三十六条　用人单位应当建立职业健康监护档案。

职业健康监护档案应当包括下列内容：

（一）劳动者的职业史和职业中毒危害接触史；

（二）相应作业场所职业中毒危害因素监测结果；

（三）职业健康检查结果及处理情况；

（四）职业病诊疗等劳动者健康资料。

第五章　劳动者的权利与义务

第三十七条　从事使用有毒物品作业的劳动者在存在威胁生命安全或者身体健康危险的情况下，有权通知用人单位并从使用有毒物品造成的危险现场撤离。

用人单位不得因劳动者依据前款规定行使权利，而取消或者减少劳动者在正常工作时享有的工资、福利待遇。

第三十八条　劳动者享有下列职业卫生保护权利：

（一）获得职业卫生教育、培训；

（二）获得职业健康检查、职业病诊疗、康复等职业病防治服务；

（三）了解工作场所产生或者可能产生的职业中毒危害因素、危害后果和应当采取的职业中毒危害防护措施；

（四）要求用人单位提供符合防治职业病要求的职业中毒危害防护设施和个人使用的职业中毒危害防护用品，改善工作条件；

（五）对违反职业病防治法律、法规，危及生命、健康的行为提出批评、检举和控告；

（六）拒绝违章指挥和强令进行没有职业中毒危害防护措施的作业；

（七）参与用人单位职业卫生工作的民主管理，对职业病防治工作提出意见和建议。

用人单位应当保障劳动者行使前款所列权利。禁止因劳动者依法行使正当权利而降低其工资、福利等待遇或者解除、终止与其订立的劳动合同。

第三十九条 劳动者有权在正式上岗前从用人单位获得下列资料：

（一）作业场所使用的有毒物品的特性、有害成分、预防措施、教育和培训资料；

（二）有毒物品的标签、标识及有关资料；

（三）有毒物品安全使用说明书；

（四）可能影响安全使用有毒物品的其他有关资料。

第四十条 劳动者有权查阅、复印其本人职业健康监护档案。

劳动者离开用人单位时，有权索取本人健康监护档案复印件；用人单位应当如实、无偿提供，并在所提供的复印件上签章。

第四十一条 用人单位按照国家规定参加工伤保险的，患职业病的劳动者有权按照国家有关工伤保险的规定，享受下列工伤保险待遇：

（一）医疗费：因患职业病进行诊疗所需费用，由工伤保险基金按照规定标准支付；

（二）住院伙食补助费：由用人单位按照当地因公出差伙食标准的一定比例支付；

（三）康复费：由工伤保险基金按照规定标准支付；

（四）残疾用具费：因残疾需要配置辅助器具的，所需费用由工伤保险基金按照普及型辅助器具标准支付；

（五）停工留薪期待遇：原工资、福利待遇不变，由用人单位支付；

（六）生活护理补助费：经评残并确认需要生活护理的，生活护理补助费由工伤保险基金按照规定标准支付；

（七）一次性伤残补助金：经鉴定为十级至一级伤残的，按照伤残等级享受相当于 6 个月至 24 个月的本人工资的一次性伤残补助金，由工伤保险基金支付；

（八）伤残津贴：经鉴定为四级至一级伤残的，按照规定享受相当于本人工资 75% 至 90% 的伤残津贴，由工伤保险基金支付；

（九）死亡补助金：因职业中毒死亡的，由工伤保险基金按照不低于 48 个月的统筹地区上年度职工月平均工资的标准一次支付；

（十）丧葬补助金：因职业中毒死亡的，由工伤保险基金按照 6 个月的统筹地区上年度职工月平均工资的标准一次支付；

（十一）供养亲属抚恤金：因职业中毒死亡的，对由死者生前提供主要生活来源的亲属由工伤保险基金支付抚恤金：对其配偶每月按照统筹地区上年度职工月平均工资的 40% 发给，对其生前供养的直系亲属每人每月按照统筹地区上年度职工月平均工资的 30% 发给；

（十二）国家规定的其他工伤保险待遇。

本条例施行后，国家对工伤保险待遇的项目和标准作出调整时，从其规定。

第四十二条 用人单位未参加工伤保险的，其劳动者从事有毒物品作业患职业病的，用人单位应当按照国家有关工伤保险规定的项目和标准，保证劳动者享受工伤待遇。

第四十三条 用人单位无营业执照以及被依法吊销营业执照，其劳动者从事使用有毒物品作业患职业病的，应当按照国家有关工伤保险规定的项目和标准，给予劳动者一次性赔偿。

第四十四条 用人单位分立、合并的，承继单位应当承担由原用人单位对患职业病的劳动者承担的补偿责任。

用人单位解散、破产的，应当依法从其清算财产中优先支付患职业病的劳动者的补偿费用。

第四十五条 劳动者除依法享有工伤保险外，依照有关民事法律的规定，尚有获得赔偿的权利的，有权向用人单位提出赔偿要求。

第四十六条　劳动者应当学习和掌握相关职业卫生知识，遵守有关劳动保护的法律、法规和操作规程，正确使用和维护职业中毒危害防护设施及其用品；发现职业中毒事故隐患时，应当及时报告。

作业场所出现使用有毒物品产生的危险时，劳动者应当采取必要措施，按照规定正确使用防护设施，将危险加以消除或者减少到最低限度。

第六章　监督管理

第四十七条　县级以上人民政府卫生行政部门应当依照本条例的规定和国家有关职业卫生要求，依据职责划分，对作业场所使用有毒物品作业及职业中毒危害检测、评价活动进行监督检查。

卫生行政部门实施监督检查，不得收取费用，不得接受用人单位的财物或者其他利益。

第四十八条　卫生行政部门应当建立、健全监督制度，核查反映用人单位有关劳动保护的材料，履行监督责任。

用人单位应当向卫生行政部门如实、具体提供反映有关劳动保护的材料；必要时，卫生行政部门可以查阅或者要求用人单位报送有关材料。

第四十九条　卫生行政部门应当监督用人单位严格执行有关职业卫生规范。

卫生行政部门应当依照本条例的规定对使用有毒物品作业场所的职业卫生防护设备、设施的防护性能进行定期检验和不定期的抽查；发现职业卫生防护设备、设施存在隐患时，应当责令用人单位立即消除隐患；消除隐患期间，应当责令其停止作业。

第五十条 卫生行政部门应当采取措施，鼓励对用人单位的违法行为进行举报、投诉、检举和控告。

卫生行政部门对举报、投诉、检举和控告应当及时核实，依法作出处理，并将处理结果予以公布。

卫生行政部门对举报人、投诉人、检举人和控告人负有保密的义务。

第五十一条 卫生行政部门执法人员依法执行职务时，应当出示执法证件。

卫生行政部门执法人员应当忠于职守，秉公执法；涉及用人单位秘密的，应当为其保密。

第五十二条 卫生行政部门依法实施罚款的行政处罚，应当依照有关法律、行政法规的规定，实施罚款决定与罚款收缴分离；收缴的罚款以及依法没收的经营所得，必须全部上缴国库。

第五十三条 卫生行政部门履行监督检查职责时，有权采取下列措施：

（一）进入用人单位和使用有毒物品作业场所现场，了解情况，调查取证，进行抽样检查、检测、检验，进行实地检查；

（二）查阅或者复制与违反本条例行为有关的资料，采集样品；

（三）责令违反本条例规定的单位和个人停止违法行为。

第五十四条 发生职业中毒事故或者有证据证明职业中毒危害状态可能导致事故发生时，卫生行政部门有权采取下列临时控制措施：

（一）责令暂停导致职业中毒事故的作业；

（二）封存造成职业中毒事故或者可能导致事故发生的物品；

（三）组织控制职业中毒事故现场。

在职业中毒事故或者危害状态得到有效控制后，卫生行政部门应当及时解除控制措施。

第五十五条 卫生行政部门执法人员依法执行职务时，被检查单位应当接受检查并予以支持、配合，不得拒绝和阻碍。

第五十六条　卫生行政部门应当加强队伍建设，提高执法人员的政治、业务素质，依照本条例的规定，建立、健全内部监督制度，对执法人员执行法律、法规和遵守纪律的情况进行监督检查。

第七章　罚　则

第五十七条　卫生行政部门的工作人员有下列行为之一，导致职业中毒事故发生的，依照刑法关于滥用职权罪、玩忽职守罪或者其他罪的规定，依法追究刑事责任；造成职业中毒危害但尚未导致职业中毒事故发生，不够刑事处罚的，根据不同情节，依法给予降级、撤职或者开除的行政处分：

（一）对不符合本条例规定条件的涉及使用有毒物品作业事项，予以批准的；

（二）发现用人单位擅自从事使用有毒物品作业，不予取缔的；

（三）对依法取得批准的用人单位不履行监督检查职责，发现其不再具备本条例规定的条件而不撤销原批准或者发现违反本条例的其他行为不予查处的；

（四）发现用人单位存在职业中毒危害，可能造成职业中毒事故，不及时依法采取控制措施的。

第五十八条　用人单位违反本条例的规定，有下列情形之一的，由卫生行政部门给予警告，责令限期改正，处10万元以上50万元以下的罚款；逾期不改正的，提请有关人民政府按照国务院规定的权限责令停建、予以关闭；造成严重职业中毒危害或者导致职业中毒事故发生的，对负有责任的主管人员和其他直接责任人员依照刑法关于重大劳动安全事故罪或者其他罪的规定，依法追究刑事责任：

（一）可能产生职业中毒危害的建设项目，未依照职业病防治法的规定进行职业中毒危害预评价，或者预评价未经卫生行政部门审核同意，擅自开工的；

（二）职业卫生防护设施未与主体工程同时设计，同时施工，同时投入生产和使用的；

（三）建设项目竣工，未进行职业中毒危害控制效果评价，或者未经卫生行政部门验收或者验收不合格，擅自投入使用的；

（四）存在高毒作业的建设项目的防护设施设计未经卫生行政部门审查同意，擅自施工的。

第五十九条 用人单位违反本条例的规定，有下列情形之一的，由卫生行政部门给予警告，责令限期改正，处5万元以上20万元以下的罚款；逾期不改正的，提请有关人民政府按照国务院规定的权限予以关闭；造成严重职业中毒危害或者导致职业中毒事故发生的，对负有责任的主管人员和其他直接责任人员依照刑法关于重大劳动安全事故罪或者其他罪的规定，依法追究刑事责任：

（一）使用有毒物品作业场所未按照规定设置警示标识和中文警示说明的；

（二）未对职业卫生防护设备、应急救援设施、通讯报警装置进行维护、检修和定期检测，导致上述设施处于不正常状态的；

（三）未依照本条例的规定进行职业中毒危害因素检测和职业中毒危害控制效果评价的；

（四）高毒作业场所未按照规定设置撤离通道和泄险区的；

（五）高毒作业场所未按照规定设置警示线的；

（六）未向从事使用有毒物品作业的劳动者提供符合国家职业卫生标准的防护用品，或者未保证劳动者正确使用的。

第六十条 用人单位违反本条例的规定，有下列情形之一的，由卫生行政部门给予警告，责令限期改正，处5万元以上30万元以下的罚款；逾期不改正的，提请有关人民政府按照国务院规定的权限予以关闭；造成严重职业中毒危害或者导致职业中毒事故发生的，对负有责任的主管人员和其他直接责任人员依照刑法关于重大责任事故罪、重大劳动安全事故罪或者其他罪的规定，依法追究刑事责任：

（一）使用有毒物品作业场所未设置有效通风装置的，或者可能突然泄漏大量有毒物品或者易造成急性中毒的作业场所未设置自动报警装置或者事故通风设施的；

（二）职业卫生防护设备、应急救援设施、通讯报警装置处于不正常状态而不停止作业，或者擅自拆除或者停止运行职业卫生防护设备、应急救援设施、通讯报警装置的。

第六十一条　从事使用高毒物品作业的用人单位违反本条例的规定，有下列行为之一的，由卫生行政部门给予警告，责令限期改正，处5万元以上20万元以下的罚款；逾期不改正的，提请有关人民政府按照国务院规定的权限予以关闭；造成严重职业中毒危害或者导致职业中毒事故发生的，对负有责任的主管人员和其他直接责任人员依照刑法关于重大责任事故罪或者其他罪的规定，依法追究刑事责任：

（一）作业场所职业中毒危害因素不符合国家职业卫生标准和卫生要求而不立即停止高毒作业并采取相应的治理措施的，或者职业中毒危害因素治理不符合国家职业卫生标准和卫生要求重新作业的；

（二）未依照本条例的规定维护、检修存在高毒物品的生产装置的；

（三）未采取本条例规定的措施，安排劳动者进入存在高毒物品的设备、容器或者狭窄封闭场所作业的。

第六十二条　在作业场所使用国家明令禁止使用的有毒物品或者使用不符合国家标准的有毒物品的，由卫生行政部门责令立即停止使用，处5万元以上30万元以下的罚款；情节严重的，责令停止使用有毒物品作业，或者提请有关人民政府按照国务院规定的权限予以关闭；造成严重职业中毒危害或者导致职业中毒事故发生的，对负有责任的主管人员和其他直接责任人员依照刑法关于危险物品肇事罪、重大责任事故罪或者其他罪的规定，依法追究刑事责任。

第六十三条 用人单位违反本条例的规定，有下列行为之一的，由卫生行政部门给予警告，责令限期改正；逾期不改正的，处5万元以上30万元以下的罚款；造成严重职业中毒危害或者导致职业中毒事故发生的，对负有责任的主管人员和其他直接责任人员依照刑法关于重大责任事故罪或者其他罪的规定，依法追究刑事责任：

（一）使用未经培训考核合格的劳动者从事高毒作业的；

（二）安排有职业禁忌的劳动者从事所禁忌的作业的；

（三）发现有职业禁忌或者有与所从事职业相关的健康损害的劳动者，未及时调离原工作岗位，并妥善安置的；

（四）安排未成年人或者孕期、哺乳期的女职工从事使用有毒物品作业的；

（五）使用童工的。

第六十四条 违反本条例的规定，未经许可，擅自从事使用有毒物品作业的，由工商行政管理部门、卫生行政部门依据各自职权予以取缔；造成职业中毒事故的，依照刑法关于危险物品肇事罪或者其他罪的规定，依法追究刑事责任；尚不够刑事处罚的，由卫生行政部门没收经营所得，并处经营所得3倍以上5倍以下的罚款；对劳动者造成人身伤害的，依法承担赔偿责任。

第六十五条 从事使用有毒物品作业的用人单位违反本条例的规定，在转产、停产、停业或者解散、破产时未采取有效措施，妥善处理留存或者残留高毒物品的设备、包装物和容器的，由卫生行政部门责令改正，处2万元以上10万元以下的罚款；触犯刑律的，对负有责任的主管人员和其他直接责任人员依照刑法关于重大环境污染事故罪、危险物品肇事罪或者其他罪的规定，依法追究刑事责任。

第六十六条 用人单位违反本条例的规定，有下列情形之一的，由卫生行政部门给予警告，责令限期改正，处5000元以上2万元以下的罚款；逾期不改正的，责令停止使用有毒物品作业，或者提请有关人民政府按照国务院规定的权限予以关闭；造成严重职业中毒危害或者导致职业中毒事故发生的，对负有责任的主管人员和其他直接责任人员依照刑法关于重大劳动安全事故罪、危险物品肇事罪或者其他罪的规定，依法追究刑事责任：

（一）使用有毒物品作业场所未与生活场所分开或者在作业场所住人的；

（二）未将有害作业与无害作业分开的；

（三）高毒作业场所未与其他作业场所有效隔离的；

（四）从事高毒作业未按照规定配备应急救援设施或者制定事故应急救援预案的。

第六十七条 用人单位违反本条例的规定，有下列情形之一的，由卫生行政部门给予警告，责令限期改正，处2万元以上5万元以下的罚款；逾期不改正的，提请有关人民政府按照国务院规定的权限予以关闭：

（一）未按照规定向卫生行政部门申报高毒作业项目的；

（二）变更使用高毒物品品种，未按照规定向原受理申报的卫生行政部门重新申报，或者申报不及时、有虚假的。

第六十八条 用人单位违反本条例的规定，有下列行为之一的，由卫生行政部门给予警告，责令限期改正，处2万元以上5万元以下的罚款；逾期不改正的，责令停止使用有毒物品作业，或者提请有关人民政府按照国务院规定的权限予以关闭：

（一）未组织从事使用有毒物品作业的劳动者进行上岗前职业健康检查，安排未经上岗前职业健康检查的劳动者从事使用有毒物品作业的；

（二）未组织从事使用有毒物品作业的劳动者进行定期职业健康检查的；

（三）未组织从事使用有毒物品作业的劳动者进行离岗职业健康检查的；

（四）对未进行离岗职业健康检查的劳动者，解除或者终止与其订立的劳动合同的；

（五）发生分立、合并、解散、破产情形，未对从事使用有毒物品作业的劳动者进行健康检查，并按照国家有关规定妥善安置职业病病人的；

（六）对受到或者可能受到急性职业中毒危害的劳动者，未及时组织进行健康检查和医学观察的；

（七）未建立职业健康监护档案的；

（八）劳动者离开用人单位时，用人单位未如实、无偿提供职业健康监护档案的；

（九）未依照职业病防治法和本条例的规定将工作过程中可能产生的职业中毒危害及其后果、有关职业卫生防护措施和待遇等如实告知劳动者并在劳动合同中写明的；

（十）劳动者在存在威胁生命、健康危险的情况下，从危险现场中撤离，而被取消或者减少应当享有的待遇的。

第六十九条 用人单位违反本条例的规定，有下列行为之一的，由卫生行政部门给予警告，责令限期改正，处5000元以上2万元以下的罚款；逾期不改正的，责令停止使用有毒物品作业，或者提请有关人民政府按照国务院规定的权限予以关闭：

（一）未按照规定配备或者聘请职业卫生医师和护士的；

（二）未为从事使用高毒物品作业的劳动者设置淋浴间、更衣室或者未设置清洗、存放和处理工作服、工作鞋帽等物品的专用间，或者不能正常使用的；

（三）未安排从事使用高毒物品作业一定年限的劳动者进行岗位轮换的。

第八章　附　则

第七十条　涉及作业场所使用有毒物品可能产生职业中毒危害的劳动保护的有关事项，本条例未作规定的，依照职业病防治法和其他有关法律、行政法规的规定执行。

有毒物品的生产、经营、储存、运输、使用和废弃处置的安全管理，依照危险化学品安全管理条例执行。

第七十一条　本条例自公布之日起施行。

工业企业职工听力保护规范

卫生部关于发布《工业企业职工听力保护规范》的通知

卫法监发〔1999〕第620号

各省、自治区、直辖市卫生厅（局），计划单列市卫生局，国务院有关部、委、局、总公司，有关行业协会，中国预防医学科学院：

为加强工业企业职工的听力保护工作，有效的预防、控制和逐步消除工作噪声对职工健康的影响，促进工业企业加强自身管理，保障社会主义市场经济健康发展，我部在原劳动部下达的《工业企业职工听力保护规定》起草任务的基础上，继续委托国家经贸委安全科学技术研究中心和北京医科大学起草了《工业企业职工听力保护规范》，并征求了有关方面的意见。现予以发布。

请结合本行业、本企业的特点，认真贯彻实施。各级卫生行政部门要积极开展宣传培训和监督指导工作。

1999年12月24日

第一章 总 则

第一条 为保护在强噪声环境中作业职工的听力，降低职业性噪声聋发病率，根据《劳动法》及职业病防治的有关规定，制定本规范。

第二条 本规范适用于各类工业企业（以下简称"企业"）噪声作业场所职工的听力保护。凡有职工每工作日 8 小时暴露于等效声级大于等于 85 分贝（以下简称"LAeq,8≥85dB"）的企业，都应当执行本规范。

第三条 企业应根据本规范要求，结合自身实际情况制订本单位职工听力保护计划，并指定接受过专门培训的人员负责组织和实施。

第二章 听力保护的基本内容和要求

第四条 本规范所称听力保护包括噪声监测、听力测试与评定、工程控制措施、护耳器的要求及使用、职工培训以及记录保存等方面内容。

第五条 企业应当根据噪声监测，确定本企业暴露于 LAeq,8≥85dB 的职工人群。监测结果应以书面形式通知有关职工。

第六条 对于暴露于 LAeq,8≥85dB 的职工，应当进行基础听力测定和定期跟踪听力测定，评定职工是否发生高频标准听阈偏移（HSTS）。当跟踪听力测定相对于基础听力测定，在任一耳的 3000、4000 和 6000Hz 频率上的平均听阈改变等于或大于 10dB 时，确定为发生高频标准听阈偏移。对于发生高频标准听阈偏移的职工，企业必须采取听力保护措施，防止听力进一步下降。

第七条 职工暴露于作业场所 LAeq, 8≥90dB 的,应当优先考虑采用工程措施,降低作业场所噪声。噪声控制设备必须经常维修保养,确保噪声控制效果。

第八条 职工暴露于 LAeq, 8≥85dB 的,应当配备具有足够声衰减值、佩戴舒适的护耳器,并定期进行听力保护培训、检查护耳器使用和维护情况,确保听力保护效果。

第九条 企业应当建立听力保护档案,按规定记录、分析和保存噪声暴露监测数据和听力测试资料。

第三章 噪声监测

第十条 企业应当每年对作业场所噪声及职工噪声暴露情况至少进行一次监测。在作业场所噪声水平可能发生改变时,应当及时监测变化情况。

第十一条 测量稳态噪声,可使用声级计 A 网络"慢档"时间特性,并取 5 秒内的平均读数为等效连续声级。声级计应当采用符合国家标准《声级计的电、声性能和测量方法》(GB 3785)中规定的 2 型以上的声级计。

第十二条 测量非稳态噪声,应当使用 2 型以上的积分声级计或个人噪声暴露计(剂量计)。测量仪器应符合国家标准《积分平均声级计》(GB/T 17181)或者国家标准《个人声暴露计技术要求》(GB/T 15952)的规定。

第十三条 测量点应当选在职工作业点的人头位置,职工无需在场。如职工需在场或在周围走动,测量点高度应参照人耳高度,距外耳道水平距离约 0.1 米。

第十四条 测量技术细节及记录报告的填写可参照国际标准《声学——在作业环境中测量与评价噪声暴露指南》(ISO 9612)及有关国家标准。

第十五条　噪声测量仪器应当按规定定期接受法定部门检定，噪声监测人员应当受过有关专业培训。

第四章　听力测试与评定

第十六条　首次在 LAeq, 8≥85dB 场所中从事工作的职工，应当在 3 个月内接受听力测试，得出的听力图称为基础听力图。本规范发布之前已在 LAeq, 8≥85dB 场所中工作而又未做过基础听力检查的职工，应当在本规范发布之日起一年内补做基础听力测定。

第十七条　暴露于 85dB≤LAeq, 8<100dB 噪声作业场所的职工，应当每两年进行一次跟踪听力测定；暴露于 LAeq, 8≥100dB 的，应当每年进行一次跟踪听力测定。跟踪听力图与基础听力图进行对比，排除其他影响因素，并按《声学—耳科正常人的气导阈与年龄和性别的关系》（GB 7582）的规定进行修正以后，作为评定职工是否发生因职业性噪声危害引起高频标准听阈偏移的依据。

第十八条　对于已发生高频标准听阈偏移的职工，应当在 14 天内以书面形式将测试结果通知本人，并采取相应听力保护措施。

第十九条　听力测试所使用的听力计应当符合国家标准《听力计第一部分：纯音听力计》（GB/T 7341.1）的要求；听力计的校准和测听室环境噪声应当符合国家标准《声学—耳科正常人的气导听阈测定—听力保护》（GB 7583）的规定。听力测试人员应当受过有关专业培训。

第二十条　进行听力测试之前 14 小时内，被测职工不得暴露于噪声作业场所和其他非职业噪声环境。

第二十一条　听力测试应当采用纯音气导法。测试频率至少应当包括 500、1000、2000、3000、4000 和 6000Hz。

第五章 工程控制

第二十二条 工程措施包括设置隔声监控室、对强噪声机组安装隔声罩、作业场所的吸声处理以及在声源或声通路上装配消声器和对设备的隔振处理等。在管理上应当特别注意选用低噪声设备、零部件和新工艺流程，替代旧的强噪声设备、零部件和生产工艺。

第二十三条 在采取工程控制措施之前，应当首先识别主要噪声源及其特性，以便提高控制效率，降低工程费用。

第二十四条 对于存在强噪声设备而职工无需长时间在该设备旁工作的场所，应当设置隔声监控室；职工需长时间在强噪声设备旁工作且混响声较强的作业场所，应当尽可能采取吸声降噪措施，使该场所的平均吸声系数高于 0.3；对于噪声源数量少且比较集中，易于处理的场所，应当优先考虑采取声源隔离措施降低噪声。企业进行噪声控制设计，应当符合国家标准《工业企业噪声控制设计规范》（GBJ 87）和国际标准《声学—低噪声工作场所设计推荐实践》（ISO 11690）的规定。

第六章 护耳器

第二十五条 企业应当提供三种以上护耳器（包括不同类型不同型号的耳塞或耳罩），供暴露于 $LAeq, 8 \geq 85dB$ 作业场所的职工选用。

第二十六条 职工佩戴护耳器后，其实际接受的等效声级应当保持在 85dB 以下。

第二十七条 护耳器现场使用实际声衰减值，按以下方法计算：将护耳器声衰减量的试验室测试值或者厂家标称值，换算为国际标准《佩戴护耳器时有效 A 计权声级的评价》（ISO 4869—2）所定义的护耳器单值噪声降低数（SNR），再乘以 0.6. 护耳器单值噪声降低数可按该 ISO 标准或者有关国家标准进行计算。

第七章　听力保护培训

第二十八条　企业应当每年对暴露于 LAeq,8≥85dB 作业场所的职工进行听力保护培训。

第二十九条　听力保护培训应当包括以下内容：

（一）噪声对健康的危害；

（二）听力测试的目的和程序；

（三）本企业噪声实际情况及噪声危害控制的一般方法；

（四）使用护耳器的目的，各类型护耳器的优缺点、声衰减值和如何选用、佩戴、保管和更换等。

第三十条　作业场所、生产设备或者防护设备改变时，培训内容应当相应更新。

第八章　记录保存

第三十一条　企业应当妥善保存作业场所噪声测定、职工噪声暴露测量、职工听力测试和护耳器使用及管理记录。

第三十二条　职工听力测试记录应当包括下列主要项目：

（一）职工姓名和工种；

（二）测听日期和地点，测听前脱离噪声环境的时间；

（三）测试者姓名；

（四）最近一次听力计声学校准数据及检定日期；

（五）测听室环境噪声级数据；

（六）测试结果。

第三十三条　作业场所噪声测定、职工噪声暴露测量等情况应当定期向职工公布；应职工要求，个人听力保护记录应当随时提供本人查阅。

第三十四条 职工调至另一个企业如果继续从事暴露于噪声的作业，原企业应将所有有关记录转移到新单位。

第九章 附 则

第三十五条 对违反本规范的行为依照有关法规进行处理。

第三十六条 本规范所引用的标准为当时有效版本，执行本规范时应当注意选择使用相应标准的最新版本。

煤矿作业场所职业病
危害防治规定

国家安全生产监督管理总局令
第 73 号

《煤矿作业场所职业病危害防治规定》已经 2015 年 1 月 16 日国家安全生产监督管理总局局长办公会议审议通过，现予公布，自 2015 年 4 月 1 日起施行。

国家安全生产监督管理总局局长
2015 年 2 月 28 日

第一章 总 则

第一条 为加强煤矿作业场所职业病危害的防治工作，强化煤矿企业职业病危害防治主体责任，预防、控制职业病危害，保护煤矿劳动者健康，依据《中华人民共和国职业病防治法》、《中华人民共和国安全生产法》、《煤矿安全监察条例》等法律、行政法规，制定本规定。

第二条 本规定适用于中华人民共和国领域内各类煤矿及其所属为煤矿服务的矿井建设施工、洗煤厂、选煤厂等存在职业病危害的作业场所职业病危害预防和治理活动。

第三条 本规定所称煤矿作业场所职业病危害（以下简称职业病危害），是指由粉尘、噪声、热害、有毒有害物质等因素导致煤矿劳动者职业病的危害。

第四条 煤矿是本企业职业病危害防治的责任主体。

职业病危害防治坚持以人为本、预防为主、综合治理的方针，按照源头治理、科学防治、严格管理、依法监督的要求开展工作。

第二章 职业病危害防治管理

第五条 煤矿主要负责人（法定代表人、实际控制人，下同）是本单位职业病危害防治工作的第一责任人，对本单位职业病危害防治工作全面负责。

第六条 煤矿应当建立健全职业病危害防治领导机构，制定职业病危害防治规划，明确职责分工和落实工作经费，加强职业病危害防治工作。

第七条 煤矿应当设置或者指定职业病危害防治的管理机构，配备专职职业卫生管理人员，负责职业病危害防治日常管理工作。

第八条 煤矿应当制定职业病危害防治年度计划和实施方案，并建立健全下列制度：

（一）职业病危害防治责任制度；

（二）职业病危害警示与告知制度；

（三）职业病危害项目申报制度；

（四）职业病防治宣传、教育和培训制度；

（五）职业病防护设施管理制度；

（六）职业病个体防护用品管理制度；

（七）职业病危害日常监测及检测、评价管理制度；

（八）建设项目职业病防护设施与主体工程同时设计、同时施工、同时投入生产和使用（以下简称建设项目职业卫生"三同时"）的制度；

（九）劳动者职业健康监护及其档案管理制度；

（十）职业病诊断、鉴定及报告制度；

（十一）职业病危害防治经费保障及使用管理制度；

（十二）职业卫生档案管理制度；

（十三）职业病危害事故应急管理制度；

（十四）法律、法规、规章规定的其他职业病危害防治制度。

第九条 煤矿应当配备专职或者兼职的职业病危害因素监测人员，装备相应的监测仪器设备。监测人员应当经培训合格；未经培训合格的，不得上岗作业。

第十条 煤矿应当以矿井为单位开展职业病危害因素日常监测，并委托具有资质的职业卫生技术服务机构，每年进行一次作业场所职业病危害因素检测，每三年进行一次职业病危害现状评价。根据监测、检测、评价结果，落实整改措施，同时将日常监测、检测、评价、落实整改情况存入本单位职业卫生档案。检测、评价结果向所在地安全生产监督管理部门和驻地煤矿安全监察机构报告，并向劳动者公布。

第十一条 煤矿不得使用国家明令禁止使用的可能产生职业病危害的技术、工艺、设备和材料，限制使用或者淘汰职业病危害严重的技术、工艺、设备和材料。

第十二条 煤矿应当优化生产布局和工艺流程，使有害作业和无害作业分开，减少接触职业病危害的人数和接触时间。

第十三条 煤矿应当按照《煤矿职业安全卫生个体防护用品配备标准》（AQ1051）规定，为接触职业病危害的劳动者提供符合标准的个体防护用品，并指导和督促其正确使用。

第十四条 煤矿应当履行职业病危害告知义务，与劳动者订立或者变更劳动合同时，应当将作业过程中可能产生的职业病危害及其后果、防护措施和相关待遇等如实告知劳动者，并在劳动合同中载明，不得隐瞒或者欺骗。

第十五条 煤矿应当在醒目位置设置公告栏，公布有关职业病危害防治的规章制度、操作规程和作业场所职业病危害因素检测结果；对产生严重职业病危害的作业岗位，应当在醒目位置设置警示标识和中文警示说明。

第十六条 煤矿主要负责人、职业卫生管理人员应当具备煤矿职业卫生知识和管理能力，接受职业病危害防治培训。培训内容应当包括职业卫生相关法律、法规、规章和标准，职业病危害预防和控制的基本知识，职业卫生管理相关知识等内容。

煤矿应当对劳动者进行上岗前、在岗期间的定期职业病危害防治知识培训，督促劳动者遵守职业病防治法律、法规、规章、标准和操作规程，指导劳动者正确使用职业病防护设备和个体防护用品。上岗前培训时间不少于4学时，在岗期间的定期培训时间每年不少于2学时。

第十七条 煤矿应当建立健全企业职业卫生档案。企业职业卫生档案应当包括下列内容：

（一）职业病防治责任制文件；

（二）职业卫生管理规章制度；

（三）作业场所职业病危害因素种类清单、岗位分布以及作业人员接触情况等资料；

（四）职业病防护设施、应急救援设施基本信息及其配置、使用、维护、检修与更换等记录；

（五）作业场所职业病危害因素检测、评价报告与记录；

（六）职业病个体防护用品配备、发放、维护与更换等记录；

（七）煤矿企业主要负责人、职业卫生管理人员和劳动者的职业卫生培训资料；

（八）职业病危害事故报告与应急处置记录；

（九）劳动者职业健康检查结果汇总资料，存在职业禁忌证、职业健康损害或者职业病的劳动者处理和安置情况记录；

（十）建设项目职业卫生"三同时"有关技术资料；

（十一）职业病危害项目申报情况记录；

（十二）其他有关职业卫生管理的资料或者文件。

第十八条 煤矿应当保障职业病危害防治专项经费，经费在财政部、国家安全监管总局《关于印发〈企业安全生产费用提取和使用管理办法〉的通知》（财企〔2012〕16号）第十七条"（十）其他与安全生产直接相关的支出"中列支。

第十九条 煤矿发生职业病危害事故，应当及时向所在地安全生产监督管理部门和驻地煤矿安全监察机构报告，同时积极采取有效措施，减少或者消除职业病危害因素，防止事故扩大。对遭受或者可能遭受急性职业病危害的劳动者，应当及时组织救治，并承担所需费用。

煤矿不得迟报、漏报、谎报或者瞒报煤矿职业病危害事故。

第三章 建设项目职业病防护设施"三同时"管理

第二十条 煤矿建设项目职业病防护设施必须与主体工程同时设计、同时施工、同时投入生产和使用。职业病防护设施所需费用应当纳入建设项目工程预算。

第二十一条 煤矿建设项目在可行性论证阶段，建设单位应当委托具有资质的职业卫生技术服务机构进行职业病危害预评价，编制预评价报告。

第二十二条 煤矿建设项目在初步设计阶段，应当委托具有资质的设计单位编制职业病防护设施设计专篇。

第二十三条 煤矿建设项目完工后，在试运行期内，应当委托具有资质的职业卫生技术服务机构进行职业病危害控制效果评价，编制控制效果评价报告。

第四章 职业病危害项目申报

第二十四条 煤矿在申领、换发煤矿安全生产许可证时,应当如实向驻地煤矿安全监察机构申报职业病危害项目,同时抄报所在地安全生产监督管理部门。

第二十五条 煤矿申报职业病危害项目时,应当提交下列文件、资料:

(一)煤矿的基本情况;

(二)煤矿职业病危害防治领导机构、管理机构情况;

(三)煤矿建立职业病危害防治制度情况;

(四)职业病危害因素名称、监测人员及仪器设备配备情况;

(五)职业病防护设施及个体防护用品配备情况;

(六)煤矿主要负责人、职业卫生管理人员及劳动者职业卫生培训情况证明材料;

(七)劳动者职业健康检查结果汇总资料,存在职业禁忌症、职业健康损害或者职业病的劳动者处理和安置情况记录;

(八)职业病危害警示标识设置与告知情况;

(九)煤矿职业卫生档案管理情况;

(十)法律、法规和规章规定的其他资料。

第二十六条 安全生产监督管理部门和煤矿安全监察机构及其工作人员应当对煤矿企业职业病危害项目申报材料中涉及的商业和技术等秘密保密。违反有关保密义务的,应当承担相应的法律责任。

第五章 职业健康监护

第二十七条 对接触职业病危害的劳动者,煤矿应当按照国家有关规定组织上岗前、在岗期间和离岗时的职业健康检查,并将检查结果书面告知劳动者。职业健康检查费用由煤矿承担。职业健康检查由省级以上人民政府卫生行政部门批准的医疗卫生机构承担。

第二十八条　煤矿不得安排未经上岗前职业健康检查的人员从事接触职业病危害的作业；不得安排有职业禁忌的人员从事其所禁忌的作业；不得安排未成年工从事接触职业病危害的作业；不得安排孕期、哺乳期的女职工从事对本人和胎儿、婴儿有危害的作业。

第二十九条　劳动者接受职业健康检查应当视同正常出勤，煤矿企业不得以常规健康检查代替职业健康检查。接触职业病危害作业的劳动者的职业健康检查周期按照表1执行。

表1　接触职业病危害作业的劳动者的职业健康检查周期

接触有害物质	体检对象	检查周期
煤尘（以煤尘为主）	在岗人员	2年1次
	观察对象、Ⅰ期煤工尘肺患者	每年1次
岩尘（以岩尘为主）	在岗人员、观察对象、Ⅰ期矽肺患者	
噪声	在岗人员	
高温	在岗人员	
化学毒物	在岗人员	根据所接触的化学毒物确定检查周期
接触粉尘危害作业退休人员的职业健康检查周期按照有关规定执行		

第三十条　煤矿不得以劳动者上岗前职业健康检查代替在岗期间定期的职业健康检查，也不得以劳动者在岗期间职业健康检查代替离岗时职业健康检查，但最后一次在岗期间的职业健康检查在离岗前的90日内的，可以视为离岗时检查。对未进行离岗前职业健康检查的劳动者，煤矿不得解除或者终止与其订立的劳动合同。

第三十一条 煤矿应当根据职业健康检查报告,采取下列措施:

(一)对有职业禁忌的劳动者,调离或者暂时脱离原工作岗位;

(二)对健康损害可能与所从事的职业相关的劳动者,进行妥善安置;

(三)对需要复查的劳动者,按照职业健康检查机构要求的时间安排复查和医学观察;

(四)对疑似职业病病人,按照职业健康检查机构的建议安排其进行医学观察或者职业病诊断;

(五)对存在职业病危害的岗位,改善劳动条件,完善职业病防护设施。

第三十二条 煤矿应当为劳动者个人建立职业健康监护档案,并按照有关规定的期限妥善保存。

职业健康监护档案应当包括劳动者个人基本情况、劳动者职业史和职业病危害接触史,历次职业健康检查结果及处理情况,职业病诊疗等资料。

劳动者离开煤矿时,有权索取本人职业健康监护档案复印件,煤矿必须如实、无偿提供,并在所提供的复印件上签章。

第三十三条 劳动者健康出现损害需要进行职业病诊断、鉴定的,煤矿企业应当如实提供职业病诊断、鉴定所需的劳动者职业史和职业病危害接触史、作业场所职业病危害因素检测结果等资料。

第六章 粉尘危害防治

第三十四条 煤矿应当在正常生产情况下对作业场所的粉尘浓度进行监测。粉尘浓度应当符合表2的要求;不符合要求的,应当采取有效措施。

表2 煤矿作业场所粉尘浓度要求

粉尘种类	游离 Si O2 含量（%）	时间加权平均容许浓度（mg/m³）	
		总粉尘	呼吸性粉尘
煤尘	<10	4	2.5
矽尘	10≤-≤50	1	0.7
	50<-≤80	0.7	0.3
	>80	0.5	0.2
水泥尘	<10	4	1.5

第三十五条 煤矿进行粉尘监测时，其监测点的选择和布置应当符合表3的要求。

表3 煤矿作业场所测尘点的选择和布置要求

类别	生产工艺	测尘点布置
采煤工作面	司机操作采煤机、打眼、人工落煤及攉煤	工人作业地点
	多工序同时作业	回风巷距工作面10—15m处
掘进工作面	司机操作掘进机、打眼、装岩（煤）、锚喷支护	工人作业地点
	多工序同时作业（爆破作业除外）	距掘进头10—15m回风侧
其他场所	翻罐笼作业、巷道维修、转载点	工人作业地点
露天煤矿	穿孔机作业、挖掘机作业	下风侧3—5m处
	司机操作穿孔机、司机操作挖掘机、汽车运输	操作室内
地面作业场所	地面煤仓、储煤场、输送机运输等处生产作业	作业人员活动范围内

第三十六条 粉尘监测采用定点或者个体方法进行,推广实时在线监测系统。粉尘监测应当符合下列要求:

(一)总粉尘浓度,煤矿井下每月测定2次或者采用实时在线监测,地面及露天煤矿每月测定1次或者采用实时在线监测;

(二)呼吸性粉尘浓度每月测定1次;

(三)粉尘分散度每6个月监测1次;

(四)粉尘中游离SiO_2含量,每6个月测定1次,在变更工作面时也应当测定1次。

第三十七条 煤矿应当使用粉尘采样器、直读式粉尘浓度测定仪等仪器设备进行粉尘浓度的测定。井工煤矿的采煤工作面回风巷、掘进工作面回风侧应当设置粉尘浓度传感器,并接入安全监测监控系统。

第三十八条 井工煤矿必须建立防尘洒水系统。永久性防尘水池容量不得小于200m³,且贮水量不得小于井下连续2h的用水量,备用水池贮水量不得小于永久性防尘水池的50%。

防尘管路应当敷设到所有能产生粉尘和沉积粉尘的地点,没有防尘供水管路的采掘工作面不得生产。静压供水管路管径应当满足矿井防尘用水量的要求,强度应当满足静压水压力的要求。

防尘用水水质悬浮物的含量不得超过30mg/L,粒径不大于0.3mm,水的pH值应当在6—9范围内,水的碳酸盐硬度不超过3mmol/L。使用降尘剂时,降尘剂应当无毒、无腐蚀、不污染环境。

第三十九条 井工煤矿掘进井巷和硐室时,必须采用湿式钻眼、使用水炮泥、爆破前后冲洗井壁巷帮,爆破过程中采用高压喷雾(喷雾压力不低于8MPa)或者压气喷雾降尘、装岩(煤)洒水和净化风流等综合防尘措施。

第四十条 井工煤矿在煤、岩层中钻孔,应当采取湿式作业。煤(岩)与瓦斯突出煤层或者软煤层中难以采取湿式钻孔时,可以采取干式钻孔,但必须采取除尘器捕尘、除尘,除尘器的呼吸性粉尘除尘效率不得低于90%。

第四十一条 井工煤矿炮采工作面应当采取湿式钻眼,使用水炮泥,爆破前后应当冲洗煤壁,爆破时应当采用高压喷雾(喷雾压力不低于8MPa)或者压气喷雾降尘,出煤时应当洒水降尘。

第四十二条 井工煤矿采煤机作业时,必须使用内、外喷雾装置。内喷雾压力不得低于2MPa,外喷雾压力不得低于4MPa。内喷雾装置不能正常使用时,外喷雾压力不得低于8MPa,否则采煤机必须停机。液压支架必须安装自动喷雾降尘装置,实现降柱、移架同步喷雾。破碎机必须安装防尘罩,并加装喷雾装置或者除尘器。放顶煤采煤工作面的放煤口,必须安装高压喷雾装置(喷雾压力不低于8MPa)或者采取压气喷雾降尘。

第四十三条 井工煤矿掘进机作业时,应当使用内、外喷雾装置和控尘装置、除尘器等构成的综合防尘系统。掘进机内喷雾压力不得低于2MPa,外喷雾压力不得低于4MPa。内喷雾装置不能正常使用时,外喷雾压力不得低于8MPa;除尘器的呼吸性粉尘除尘效率不得低于90%。

第四十四条 井工煤矿的采煤工作面回风巷、掘进工作面回风侧应当分别安设至少2道自动控制风流净化水幕。

第四十五条 煤矿井下煤仓放煤口、溜煤眼放煤口以及地面带式输送机走廊必须安设喷雾装置或者除尘器,作业时进行喷雾降尘或者用除尘器除尘。煤仓放煤口、溜煤眼放煤口采用喷雾降尘时,喷雾压力不得低于8MPa。

第四十六条 井工煤矿的所有煤层必须进行煤层注水可注性测试。对于可注水煤层必须进行煤层注水。煤层注水过程中应当对注水流量、注水量及压力等参数进行监测和控制,单孔注水总量应当使该钻孔预湿煤体的平均水分含量增量不得低于1.5%,封孔深度应当保证注水过程中煤壁及钻孔不漏水、不跑水。在厚煤层分层开采时，在确保安全前提下，应当采取在上一分层的采空区内灌水，对下一分层的煤体进行湿润。

第四十七条 井工煤矿打锚杆眼应当实施湿式钻孔，喷射混凝土时应当采用潮喷或者湿喷工艺，喷射机、喷浆点应当配备捕尘、除尘装置，距离锚喷作业点下风向100m内，应当设置2道以上自动控制风流净化水幕。

第四十八条 井工煤矿转载点应当采用自动喷雾降尘（喷雾压力应当大于0.7MPa）或者密闭尘源除尘器抽尘净化等措施。转载点落差超过0.5m，必须安装溜槽或者导向板。装煤点下风侧20m内，必须设置一道自动控制风流净化水幕。运输巷道内应当设置自动控制风流净化水幕。

第四十九条 露天煤矿粉尘防治应当符合下列要求：

（一）设置有专门稳定可靠供水水源的加水站（池），加水能力满足洒水降尘所需的最大供给量；

（二）采取湿式钻孔；不能实现湿式钻孔时，设置有效的孔口捕尘装置；

（三）破碎作业时，密闭作业区域并采用喷雾降尘或者除尘器除尘；

（四）加强对穿孔机、挖掘机、汽车等司机操作室的防护；

（五）挖掘机装车前，对煤（岩）洒水，卸煤（岩）时喷雾降尘；

（六）对运输路面经常清理浮尘、洒水，加强维护，保持路面平整。

第五十条 洗选煤厂原煤准备（给煤、破碎、筛分、转载）过程中宜密闭尘源，并采取喷雾降尘或者除尘器除尘。

第五十一条 储煤场厂区应当定期洒水抑尘，储煤场四周应当设抑尘网，装卸煤炭应当喷雾降尘或者洒水车降尘，煤炭外运时应当采取密闭措施。

第七章 噪声危害防治

第五十二条 煤矿作业场所噪声危害依照下列标准判定：

（一）劳动者每天连续接触噪声时间达到或者超过 8h 的，噪声声级限值为 85dB（A）；

（二）劳动者每天接触噪声时间不足 8h 的，可以根据实际接触噪声的时间，按照接触噪声时间减半、噪声声级限值增加 3dB（A）的原则确定其声级限值。

第五十三条 煤矿应当配备 2 台以上噪声测定仪器，并对作业场所噪声每 6 个月监测 1 次。

第五十四条 煤矿作业场所噪声的监测地点主要包括：

（一）井工煤矿的主要通风机、提升机、空气压缩机、局部通风机、采煤机、掘进机、风动凿岩机、风钻、乳化液泵、水泵等地点；

（二）露天煤矿的挖掘机、穿孔机、矿用汽车、输送机、排土机和爆破作业等地点；

（三）选煤厂破碎机、筛分机、空压机等地点。

煤矿进行监测时，应当在每个监测地点选择 3 个测点，监测结果以 3 个监测点的平均值为准。

第五十五条 煤矿应当优先选用低噪声设备，通过隔声、消声、吸声、减振、减少接触时间、佩戴防护耳塞（罩）等措施降低噪声危害。

第八章 热害防治

第五十六条 井工煤矿采掘工作面的空气温度不得超过 26℃，机电设备硐室的空气温度不得超过 30℃。当空气温度超过上述要求时，煤矿必须缩短超温地点工作人员的工作时间，并给予劳动者高温保健待遇。采掘工作面的空气温度超过30℃、机电设备硐室的空气温度超过34℃时，必须停止作业。

第五十七条 井工煤矿采掘工作面和机电设备硐室应当设置温度传感器。

第五十八条 井工煤矿应当采取通风降温、采用分区式开拓方式缩短入风线路长度等措施，降低工作面的温度；当采用上述措施仍然无法达到作业环境标准温度的，应当采用制冷等降温措施。

第五十九条 井工煤矿地面辅助生产系统和露天煤矿应当合理安排劳动者工作时间，减少高温时段室外作业。

第九章 职业中毒防治

第六十条 煤矿作业场所主要化学毒物浓度不得超过表4的要求。

表4 煤矿主要化学毒物最高允许浓度

化学毒物名称	最高允许浓度（%）
CO	0.0024
H_2S	0.00066
NO（换算成NO_2）	0.00025
SO_2	0.0005

第六十一条 煤矿进行化学毒物监测时，应当选择有代表性的作业地点，其中包括空气中有害物质浓度最高、作业人员接触时间最长的作业地点。采样应当在正常生产状态下进行。

第六十二条 煤矿应当对NO（换算成NO2）、CO、SO2每3个月至少监测1次，对H2S每月至少监测1次。煤层有自燃倾向的，应当根据需要随时监测。

第六十三条 煤矿作业场所应当加强通风降低有害气体的浓度，在采用通风措施无法达到表4的规定时，应当采用净化、化学吸收等措施降低有害气体的浓度。

第十章 法律责任

第六十四条 煤矿违反本规定，有下列行为之一的，给予警告，责令限期改正；逾期不改正的，处十万元以下的罚款：

（一）作业场所职业病危害因素检测、评价结果没有存档、上报、公布的；

（二）未设置职业病防治管理机构或者配备专职职业卫生管理人员的；

（三）未制定职业病防治计划或者实施方案的；

（四）未建立健全职业病危害防治制度的；

（五）未建立健全企业职业卫生档案或者劳动者职业健康监护档案的；

（六）未公布有关职业病防治的规章制度、操作规程、职业病危害事故应急救援措施的；

（七）未组织劳动者进行职业卫生培训，或者未对劳动者个人职业病防护采取指导、督促措施的。

第六十五条 煤矿违反本规定，有下列行为之一的，给予警告，可以并处五万元以上十万元以下的罚款：

（一）未如实申报产生职业病危害的项目的；

（二）未实施由专人负责的职业病危害因素日常监测，或者监测系统不能正常监测的；

（三）订立或者变更劳动合同时，未告知劳动者职业病危害真实情况的；

（四）未组织职业健康检查、建立职业健康监护档案，或者未

将检查结果书面告知劳动者的;

(五) 未在劳动者离开煤矿企业时提供职业健康监护档案复印件的。

第六十六条 煤矿违反本规定,有下列行为之一的,责令限期改正,逾期不改正的,处五万元以上二十万元以下的罚款;情节严重的,责令停止产生职业病危害的作业,或者提请有关人民政府按照国务院规定的权限责令关闭:

(一) 作业场所职业病危害因素的强度或者浓度超过本规定要求的;

(二) 未提供职业病防护设施和个人使用的职业病防护用品,或者提供的职业病防护设施和个人使用的职业病防护用品不符合本规定要求的;

(三) 未对作业场所职业病危害因素进行检测、评价的;

(四) 作业场所职业病危害因素经治理仍然达不到本规定要求时,未停止存在职业病危害因素的作业的;

(五) 发生或者可能发生急性职业病危害事故时,未立即采取应急救援和控制措施,或者未按照规定及时报告的;

(六) 未按照规定在产生严重职业病危害的作业岗位醒目位置设置警示标识和中文警示说明的。

第六十七条 煤矿违反本规定,有下列情形之一的,责令限期治理,并处五万元以上三十万元以下的罚款;情节严重的,责令停止产生职业病危害的作业,或者暂扣、吊销煤矿安全生产许可证:

(一) 隐瞒本单位职业卫生真实情况的;

(二) 使用国家明令禁止使用的可能产生职业病危害的设备或者材料的;

(三) 安排未经职业健康检查的劳动者、有职业禁忌的劳动者、未成年工或者孕期、哺乳期女职工从事接触职业病危害的作业或者禁忌作业的。

第六十八条　煤矿违反本规定，有下列行为之一的，给予警告，责令限期改正，逾期不改正的，处三万元以下的罚款：

（一）未投入职业病防治经费的；

（二）未建立职业病防治领导机构的；

（三）煤矿企业主要负责人、职业卫生管理人员和职业病危害因素监测人员未接受职业卫生培训的。

第六十九条　煤矿违反本规定，造成重大职业病危害事故或者其他严重后果，构成犯罪的，对直接负责的主管人员和其他直接责任人员，依法追究刑事责任。

第七十条　煤矿违反本规定的其他违法行为，依照《中华人民共和国职业病防治法》和其他行政法规、规章的规定给予行政处罚。

第七十一条　本规定设定的行政处罚，由煤矿安全监察机构实施。

第十一章　附　则

第七十二条　本规定中未涉及的其他职业病危害因素，按照国家有关规定执行。

第七十三条　本规定自2015年4月1日起施行。

附　录

煤层气地面开采安全规程（试行）

国家安全生产监督管理总局令
第46号

《煤层气地面开采安全规程（试行）》已经2011年12月31日国家安全生产监督管理总局局长办公会议审议通过，现予公布，自2012年4月1日起施行。

国家安全生产监督管理总局局长
二〇一二年二月二十二日

（2012年2月22日国家安全监管总局令第46号公布；根据2013年8月29日国家安全监管总局令第63号修正）

第一章　总　则

第一条　为了加强煤层气地面开采的安全管理，预防和减少生产安全事故，保障从业人员生命健康和财产安全，根据《中华人民共和国安全生产法》等法律、行政法规，制定本规程。

第二条　在中华人民共和国境内从事煤层气地面开采及有关设计、钻井、固井、测井、压裂、排采、集输、压缩等活动的安全生产，适用本规程。

国家标准、行业标准对煤矿井下瓦斯抽采和低浓度瓦斯输送安全另行规定的,依照其规定。

第三条 煤层气地面开采企业以及承包单位(以下统称煤层气企业)应当遵守国家有关安全生产的法律、行政法规、规章、标准和技术规范,依法取得安全生产许可证,接受煤矿安全监察机构的监察。

国家鼓励煤矿企业采用科学方法抽采煤层气。依法设立的煤矿企业地面抽采本企业煤层气应当遵守本规程,但不需要另行取得安全生产许可证。

第四条 煤层气企业应当建立安全生产管理机构,配备相应的专职安全生产管理人员;建立健全安全管理制度和操作规程,落实安全生产责任制,配备满足需要的安全设备和装备。

第五条 煤层气企业的主要负责人对本单位的安全生产工作全面负责。

煤层气企业的主要负责人和安全生产管理人员应当按照有关规定经专门培训并考核合格取得安全资格证书。

第六条 煤层气企业应当制定安全生产教育和培训计划,对从业人员进行安全生产教育和培训,保证从业人员具备必要的安全生产知识,熟悉有关的安全生产规章制度和安全操作规程,掌握本岗位的安全操作技能。未经安全生产教育和培训合格的从业人员,不得上岗作业。

煤层气企业的特种作业人员,应当按照有关规定经专门的安全作业培训,取得特种作业操作资格证书,方可上岗作业。

第七条 煤层气企业应当按照有关规定提取、使用满足安全生产需要的安全生产费用,保障煤层气地面开采的安全。

第八条 煤层气企业应当按照有关规定制定生产安全事故应急预案,组织定期演练,并根据安全生产条件的变化及时修订。

发生生产安全事故后,煤层气企业应当立即采取有效措施组织救援，防止事故扩大，避免人员伤亡和减少财产损失，并按照有关规定及时报告安全生产监管监察部门。

第九条 煤层气地面开采区域存在煤矿矿井的，煤层气企业应当与煤矿企业进行沟通，统筹考虑煤层气地面开采项目方案和煤矿开采计划，共享有关地质资料和工程资料，确保煤层气地面开采安全和煤矿井下安全。

第二章 一般规定

第十条 煤层气地面开采项目应当按照有关规定进行安全条件论证和安全预评价。

第十一条 新建、改建、扩建煤层气开采项目的安全设施，必须与主体工程同时设计、同时施工、同时投入生产和使用。安全设施投资应当纳入建设项目概算。

第十二条 煤层气地面开采项目的总体开发方案和煤层气集输管线、站场、供电等工程设计应当由具有相应资质的单位承担。煤层气井钻井、压裂、排采、修井等施工方案，由煤层气企业负责。

煤层气企业应当建立健全施工方案的审查制度，严格安全条件的审查。施工方案未经煤层气企业主要负责人审查同意的，施工单位不得施工。

第十三条 煤层气地面开采项目的工程施工应当由具有相应资质的监理单位进行监督。监理单位应当按照国家建设工程监理规范的要求对工程施工质量进行监督。

第十四条 煤层气企业进行工程发包时，应当对承包单位的资质条件和安全生产业绩进行审查，与承包单位签订专门的安全生产管理协议，或者在承包合同中约定各自的安全生产管理职责。煤层气企业对承包单位的安全生产工作统一协调、管理。

第十五条 煤层气企业应当经常开展安全生产检查及事故隐患

排查，对发现的安全生产问题和事故隐患，应当立即采取措施进行整改；不能立即整改的，应当制定整改方案限期处理。

第十六条 煤层气企业应当对安全阀、压力表、传感器和监测设备进行定期校验、检定。煤层气企业的特种设备应当按照有关规定定期检测。

第十七条 煤层气企业应当建立相应的消防机构，配备专职或者兼职消防人员和必要的装备、器材，或者与所在地消防、应急救援机构签订消防救援合同。

第十八条 煤层气企业应当建立劳动防护用品配备、使用和管理制度，为从业人员提供符合国家标准或者行业标准的劳动防护用品。

煤层气企业应当对从业人员进行劳动防护用品使用的培训，指导、教育从业人员正确佩戴和使用劳动防护用品。

第十九条 煤层气企业进行电焊、气焊（割）等明火作业或其他可能产生火花的作业，应当编制专门的安全技术措施，并经本企业技术负责人审查批准。井场、站场内禁止烟火。

第二十条 煤层气企业应当建立设备管理专人负责制度。设备管理应当符合下列要求：

（一）安全标志正确、齐全、清晰，设置位置合理；

（二）定期进行巡检、维护和保养，确保设备始终处于完好状态；

（三）机械传动部位安装安全防护栏或者防护罩；

（四）按照有关规定对设备进行换季维护保养，防止设备锈蚀、冻裂；

（五）带压设备定期进行试压，合格后方可使用。

第二十一条 站场控制室内的气体探测控制仪超限断电后，煤层气企业应当立即组织专人对相应的设备和室内环境进行检查。严禁强行送电、开机。

第三章　硫化氢防护

第二十二条　在含硫化氢矿区进行施工作业和煤层气生产前，煤层气企业应当对所有生产作业人员和现场监督人员进行硫化氢防护的培训。培训内容应当包括课堂防护知识和现场实际操作，并符合培训时间规定。

对于临时作业人员和其他非定期派遣人员，在施工作业和煤层气生产前，煤层气企业应当对其进行硫化氢防护知识的教育。

第二十三条　在含硫化氢环境中进行生产作业，应当配备固定式和携带式硫化氢监测仪。硫化氢监测仪应当按照有关规定进行定期校验和鉴定。硫化氢重点监测区域应当设有醒目的标志，并设置硫化氢监测探头和报警器。

硫化氢监测仪发出不同级别报警时，煤层气企业应当按照行业标准《含硫化氢油气井安全钻井推荐作法》（SY/T 5087）的规定采取相应的措施。

第二十四条　煤层气企业在含硫化氢环境中进行生产作业，应当配备相应的防护装备，并符合下列要求：

（一）在钻井、试井、修井、井下作业以及站场作业中，配备正压式空气呼吸器及与其匹配的空气压缩机；

（二）有专人管理硫化氢防护装置，确保处于备用状态；

（三）进行检修和抢险作业时，携带硫化氢监测仪和正压式空气呼吸器。

第二十五条　在含硫化氢的矿区，场地及设备的布置应当考虑季节风向。在有可能形成硫化氢和二氧化硫的聚集处，应当确保有良好的通风条件，设置警示标志，使用防爆通风设备，并设置逃生通道及安全区。

第二十六条　在含硫化氢环境中进行钻井、井下作业和煤层气生产以及气体处理所使用的材料及设备，应当适合用于含硫化氢环境。

第二十七条 在含硫化氢环境中进行生产作业时，煤层气企业应当制定防硫化氢应急预案。钻井、井下作业的防硫化氢应急预案，应当规定煤层气井点火程序和决策人。

第二十八条 煤层气企业在含硫化氢的矿区进行煤层气井钻井，应当符合下列要求：

（一）地质及工程设计考虑硫化氢防护的特殊要求；

（二）采取防喷措施，防喷器组及其管线闸门和附件能够满足预期的井口压力；

（三）井场内禁止烟火，并采取控制硫化氢着火的措施；

（四）使用适合于含硫化氢地层的钻井液，并监测、控制钻井液 pH 值；

（五）在含硫化氢地层取芯和进行测试作业时，采取有效的防硫化氢措施。

第二十九条 在煤层气企业含硫化氢的煤层气井进行井下作业，应当符合下列要求：

（一）采取防喷措施；

（二）采取控制硫化氢着火的措施；

（三）当发生修井液气侵，硫化氢气体逸出时，立即通过分离系统分离或者采取其他处理措施；

（四）进入盛放修井液的密闭空间或者限制通风区域，可能产生硫化氢气体时，采取相应的人身安全防护措施；

（五）进行对射孔作业、压裂作业等特殊作业时，采取硫化氢防护措施。

第三十条 在进行含硫化氢的煤层气生产和气体处理作业时，煤层气企业应当对煤层气处理装置的腐蚀进行监测和控制，对可能的硫化氢泄漏进行检测，制定硫化氢防护措施。

作业人员进入可能有硫化氢泄漏的井场、站场、低凹区、污水区及其他硫化氢易于积聚的区域时，以及进入煤层气净化厂的脱硫、再生、硫回收、排污放空区进行检修和抢险时，应当携带正压式空气呼吸器。

第三十一条 含硫化氢煤层气井废弃时，煤层气企业应当考虑废弃方法和封井的条件，使用水泥封隔产出硫化氢的地层。

埋地管线、地面流程管线废弃时，应当经过吹扫净化、封堵塞或者加盖帽。容器应当用清水冲洗、吹扫并排干，敞开在大气中，并采取防止铁的硫化物燃烧的措施。

第四章 工程设计

第三十二条 煤层气企业编写工程设计方案前，应当充分收集有关资料，对作业现场及其周边环境进行调研，并进行危险源辨识和风险评价。

第三十三条 煤层气井不得布置在滑坡、崩塌、泥石流等地质灾害易发地带。

第三十四条 气井井口与周围建（构）筑物、设施的间距应当符合行业标准《煤层气地面开采防火防爆安全规程》（AQ1081）的规定。

第三十五条 钻井作业时，生活区、值班房应当置于井架侧面，且处于最小频率风向的下风侧，与井口的间距不小于10米。井场发电房与柴油罐的间距应当不小于5米。

第三十六条 井控装置的远程控制台应当安装在井架大门侧前方、距井口不少于25米的专用活动房内，并在周围保持2米以上的行人通道。

第三十七条 钻井工程地质设计应当收集区域地质资料，确定各含水层组深度，制定相应的安全措施。

第三十八条 钻机及配套设备应当满足钻井设计的要求。钻机的额定钻进深度应当大于钻井深度。井架提升能力应当满足钻具重量、地质条件的要求。

动力设施应当满足钻机、泥浆泵、排水泵等设施所需功率。

第三十九条 钻井工艺技术应当有利于保护煤储层，并制定井漏、井涌、井喷、井塌、卡钻、防斜等复杂情况的安全技术措施。

第四十条 探井设计应当参考本地区钻井所采用的井身结构。井径应当留有余地。套管系列设计应当能够保证施工安全。表层套管应当至少下到稳定基岩内 10 米。

第四十一条 固井作业设计应当保证后续增产作业施工的安全。

套管柱应当进行强度设计，综合考虑内应力、挤应力和拉应力，以满足后续作业的需要。

第四十二条 设计方案应当对各种复杂情况提出预防和处理措施。

第四十三条 煤层气企业应当建立测井安全操作管理和事故处理措施。煤层气企业应当对放射源等危险物品的储存、运输、使用和防护作出特别规定。

第四十四条 煤层气企业应当建立爆炸物品运输和使用、爆炸器材存储和销毁、废旧爆炸物品安全销毁的管理制度。

煤层气企业应当建立防止地面爆炸、施工深度错误、炸枪（卡枪）及炸坏套管的安全防范和处理措施。

第四十五条 所选压裂井口的耐压等级应当大于设计的最高井口压力，泵车组安全阀的设定压力值不得超过生产套管抗内压强度的 80%。煤层气企业应当建立砂堵、砂卡、设备损坏等事故的应急处理措施。

第四十六条 排采设备地基、底座基础应当满足载荷要求。电缆、变速箱、其他电气设备、连接设施配套设备应当与电机功率匹配。抽油杆柱应当满足疲劳应力强度要求。

第四十七条 排采泵的防冲距合理值应当根据下泵深度、泵型号、抽油杆的规格及机械性能确定，避免正常工作时柱塞碰泵。

第四十八条 井口应当设置排采沉淀池,煤层气井排出的水经过沉淀后,满足有关规定要求后方可进行排放;水管线应当以一定的坡度通向排采沉淀池,保证水流畅通。

第四十九条 煤层气企业对可能产生静电危险的下列设备和管线应当设置防静电装置:

(一) 进出装置或者设施处;

(二) 爆炸危险场所的边界;

(三) 煤层气储罐、过滤器、脱水装置、缓冲器等及其连接部分;

(四) 管道分支处以及直线段每隔 200—300 米处;

(五) 压缩机的吸入口和加气机本身及槽车与加气机连接环节。

在站场入口和主要的操作场所,煤层气企业应当安装人体静电导除装置,防静电接地装置的接地电阻应当不大于 100 欧姆。

在连接管线的法兰连接处,煤层气企业应当设置金属跨接线(绝缘法兰除外)。当法兰用 5 根以上螺栓连接时,法兰可以不用金属线跨接,但必须构成电气通路。

第五十条 工程和设备的防静电接地应当符合下列要求:

(一) 设施设备和车辆的防静电接地,不得使用链条类导体连线;

(二) 防静电接地、防感应雷接地和电气设备接地共同设置的,其接地电阻不大于 10 欧姆;

(三) 防静电接地装置单独设置的,接地电阻不大于 100 欧姆,埋设周围情况良好;

(四) 防静电接地不得使用防直击雷引下线和电气工作零线,测量点位置不得设在爆炸危险区域内;

(五) 检修设备、管线可能导致防静电接地系统断路时,预先设置临时性接地,检修完毕后及时恢复。

第五十一条 进站槽车的防静电应当符合下列要求:

(一) 槽车及槽车驾驶员、押运员持有合法有效的证件;

（二）槽车设置汽车专用静电接地装置，接地电阻不大于100欧姆；

（三）槽车的防静电接地线连接在作业场所的专用防静电接地点上，且不得采用缠绕等不可靠的连接方法；

（四）槽车的防静电接地连线采用专用导静电橡胶拖地线或者铜芯软绞线。

第五十二条 防雷应当符合下列安全要求：

（一）建（构）筑物、工艺设备、架空管线、各种罐体、电气设备等设置防雷接地装置；

（二）进入变（配）电室的高压电路安装与设备耐压水平相适应的过电压（电涌）保护器；

（三）信息系统配电线路的首、末端与电子器件连接时，装设与电子器件耐压水平相适应的过电压（电涌）保护器；

（四）防雷接地电阻不得大于10欧姆，引下线地面以下0.3米至地面以上1.7米无破坏，接地测试断接点接触良好，埋设周围情况良好；

（五）防雷装置保护范围不得缩小；

（六）防雷击接地措施不得影响输气管线阴级保护效果；

（七）接地装置定期由具备资质的单位进行测试。

第五十三条 煤层气企业应当在站场内设置风向标，并悬挂在有关人员可以看到的位置。

第五十四条 压缩机房应当符合下列要求：

（一）压缩机房设置防爆应急照明系统；

（二）采用封闭式厂房时，有煤层气泄露的报警装置、良好的机械通风设施和足够的泄压面积；

（三）压缩机房电缆沟使用软土或者沙子埋实，并与配电间的电缆沟严密隔开；

（四）压缩机房有醒目的安全警示标志。

第五章 钻井与固井

第五十五条 井场应当平整、坚固。井架地基填方部分不得超过四分之一面积。填方部分应当采取加固措施。

煤层气企业在山坡上修筑井场时，当地层坚硬、稳固时，井场边坡坡度不得大于 85 度；当地层松软时，井场边坡坡度不得大于 60 度。必要时，砌筑护坡、挡土墙。

第五十六条 煤层气企业应当对井场的井架、油罐安装防雷防静电接地装置，其接地电阻应当不大于 10 欧姆。

第五十七条 暴雨、洪水季节，在山沟、洼陷等低凹地带施工时，煤层气企业应当加高地基，修筑防洪设施。

第五十八条 煤层气企业应当在井场配备足够数量的消防器材。消防器材应当由专人管理，定期维护保养，不得挪作他用。消防器材摆放处应当保持通道畅通，确保取用方便。

第五十九条 煤层气企业应当在井场、钻台及井架梯子的入口处，钻台上、高空作业区和绞车、柴油机、发电机等机械设备处，以及油罐区、消防器材房、消防器材箱等场所和设备设施上设置相应的安全警示标志。

第六十条 煤层气企业进行立、放井架及吊装作业，应当与架空线路保持安全距离，并采取措施防止损害架空线路。

第六十一条 井架绷绳安设不少于 4 根，绷绳强度应当与钻机匹配，地锚牢固可靠。

第六十二条 钻机水龙头和高压水龙带应当设有保险绳。

第六十三条 钻台地板铺设应当平整、紧密、牢固。井架 2 层以上平台应当安装可靠防护栏杆，防护栏高度应当大于 1.2 米，采用防滑钢板。

活动工作台应当安装制动、防坠、防窜、行程限制、安全挂钩、手动定位器等安全装置。

第六十四条 钻机钢丝绳安全系数应当大于7；吊卡处于井口时，绞车滚筒钢丝绳圈数不少于7圈；钢丝绳固定连接绳卡应当不少于3个。

第六十五条 发电机应当配备超载保护装置。电动机应当配备短路、过载保护装置。

第六十六条 柴油机排气管应当无破损、无积炭，其出口不得指向循环罐，不得指向油罐区。井场油罐阀门应当无渗漏，罐口封闭上锁，并有专人管理。

第六十七条 井场电气设备应当设保护接零或者保护接地，保护接地电阻应当小于4欧姆。

第六十八条 井场电力线路应当采用电缆，并架空架设；经过通道、设备处应当增加防护套。井场电器安装技术要求参照国家对井场电气安装技术的要求执行。

第六十九条 煤层气企业安装、拆卸井架时，井架上下不得同时作业。

第七十条 施工现场应当有可靠的通信联络，并保持24小时畅通。

第七十一条 煤层气企业安装井控装置时，放喷管线的布局应当考虑当地季节风向、居民区、道路、油罐区、电力线及各种设施等情况。

第七十二条 钻进施工应当符合下列要求：

（一）符合国家标准、行业标准有关常规钻进安全技术的要求；

（二）一开、二开、钻目标煤层前等重要工序，由钻井监理进行全面的安全检查，经验收合格后方可作业；

（三）钻井队按照规定程序和操作规程进行操作，执行钻井作业设计中有关防火防爆的安全技术要求；

（四）选择适当的钻井液；

（五）钻进施工中如出现异常情况，及时采取应急措施，立即启动应急预案。

第七十三条 下套管作业应当符合下列要求：

（一）吊套管上钻台，使用适当的钢丝绳，不得使用棕绳；

（二）套管上扣时推荐使用套管动力钳，下放套管时密切观察指重表读数变化并按程序操作，发现异常及时处理；

（三）套管串总重量不得大于钻机或者井架的提升能力，否则需采取相应的减重措施。套管下放时，需边下放边灌注钻井液，以免将浮鞋、浮箍压坏。

第七十四条 固井作业应当符合下列要求：

（一）摆车时设专人指挥，下完套管需先灌满套管，不得直接开泵洗井；

（二）开泵顶水泥浆时，所有人员不得靠近井口、泵房、高压管汇、安全阀及放压管线。

第六章 测 井

第七十五条 煤层气企业进行测井施工前，应当召开安全会，提出作业安全要求。

测井施工现场不具备安全生产条件的，不得进行测井作业。

第七十六条 井场钻台前方10米以外应当有摆放测井车辆的开阔地带。器材堆置不得影响车辆的进出及就位。

第七十七条 车载仪器及专用器具上井前，煤层气企业应当妥善包装和固定，运输中禁止与有碍安全的货物混装。车载计算机必须采取防震、防尘措施。

测井车辆行车前及长途行车途中，应当做好车况、放射源及仪器设备安全检查。途中留宿的，必须将车辆停放在安全场所。

第七十八条 测井人员不得擅离职守，不允许在井架、钻台上进行与测井无关的其他作业，未经许可不得动用非本岗位的仪器设备。

第七十九条 摆放测井设备应当充分考虑风向。测井仪器车等工作场所的电源、温度、湿度应当符合安全需要，并做好相应消防措施。测井车应当接地良好，电路系统不得有短路和漏电现象。

当钻井井口一定区域内可能有煤层气积聚时，煤层气企业应当停止测井作业。

第八十条 测井前，煤层气企业应当将井口附近的无关物品移开，及时清除钻台转盘及钻台作业面上的钻井液。冬季测井施工时，应当及时清除深度丈量轮和电缆上的结冰。在井口装卸放射源或者其他仪器时，应当先将井口盖好，不得将工具放在转盘上。

仪器开机前，煤层气企业应当对电源、仪器接线及接地、各部件及计算机、需固定装置的安装状况、绞车的刹车及变速装置进行复查。测井过程中，操作人员应当观察仪器、设备的工作状态，发现异常情况及时处理。

第八十一条 下井仪器应当正确连接，牢固可靠。出入井口时，煤层气企业应当有专人在井口指挥。

第八十二条 绞车启动后，电缆提升和下放过程中，应当避免紧急刹车和骤然加速，工作人员应当避开绞车和电缆活动影响区，严禁触摸和跨越电缆。

第八十三条 仪器起下速度应当均匀，不得超过 4000 米/小时，距井底 200 米时应当减速慢下；进入套管鞋时，起速不得超过 600 米/小时，仪器上起离井口约 300 米时，应当有专人在井口指挥，减速慢行。

第八十四条 下井仪器遇阻时，操作人员应当将仪器提出井口，通井后再进行测井作业。严禁遇阻强冲。

第八十五条 下井仪器遇卡时，操作人员应当立即停车，缓慢上下活动；如仍未解脱，应当迅速研究具体的处理措施。

第八十六条 仪器在井底及裸眼井段静止时间不得超过 1 分钟，对停留时间有特殊要求的测井项目除外。

第八十七条 仪器工作结束后,操作人员应当将各操纵部件恢复到安全位置。严禁在通电状态下搬运仪器设备和拔、插接线。

第八十八条 夜间施工时,井场应当保障照明良好。

第八十九条 遇有七级以上大风、暴雨、雷电、大雾等恶劣天气,煤层气企业应当暂停测井作业。如正在测井作业,应当将仪器起入套管内,并关闭仪器电源。

第九十条 测井作业时,井内产出硫化氢或者其他有毒、有害气体的,煤层气企业应当按照有关规定采取相应防护措施,并制定测井方案,待批准后方可进行测井作业。

第九十一条 放射源必须存放在专用源库中,源库的设计及源库内外的剂量当量率应当符合国家有关油(气)田测井用密封型放射源卫生防护标准的要求。煤层气企业应当建立健全放射源的使用档案及领用、保管制度。

施工区应当建立临时源库,源库应当设有警戒标志并有防盗、防丢失措施。

第九十二条 运输放射源的防护容器应当加锁。容器外表面除应当标示放射性核素名称、活度、电离辐射警告标志外,还应当标示容器的编号。防护容器、运源车内及车附近的剂量当量率应当符合国家有关油(气)田测井用密封型放射源卫生防护标准的要求。

第九十三条 放射源必须专车运输、专人押运,中途停车、住宿时应当有专人监护。

运源车严禁搭乘无关人员和押运生活消费品。未采取足够安全防护措施的运源车不得进入人口密集区和在公共停车场停留。

第九十四条 在室外、野外从事放射源工作时,煤层气企业必须根据辐射水平或者放射性污染的可能范围划出警戒区,在醒目位置设置电离辐射警告标志,设专人监护,防止无关人员进入警戒区。

第九十五条 煤层气企业应当定期对从事放射性工作的人员进

— 101 —

行个人剂量监测和职业健康检查，建立个人剂量档案和职业健康监护档案。如被确认为放射损伤者，煤层气企业应当将其调离放射性工作并及时治疗。

拟参加放射性工作的人员，必须经过体检；有不适应症者，不得参加此项工作。测井施工人员应当按照辐射防护的时间、距离、屏蔽原则，采取最优化的辐射防护方式，进行装、卸放射源作业，禁止直接接触放射源。

第九十六条 严禁打开放射源的密封外壳，严禁使用密封破坏的可溶性放射源测井。必须裸露使用放射源时，应当使用专用工具。放射性液体和固体废物应当收集在贮存设施内封存，定期上交当地环境保护行政主管部门处理。

第九十七条 放射源的调拨、处理、转让、废弃处理，以及遇有放射源被盗、遗失等放射性事故时，煤层气企业必须按照《放射性同位素与射线装置安全和防护条例》和《放射事故管理规定》的规定进行妥善处理。

放射源掉入井内的，煤层气企业应当及时打捞，并指定专人负责实施；打捞失败的，应当检测放射源所在位置，并按照有关规定打水泥塞封固。

第九十八条 严禁在放射工作场所吸烟、进食和饮水。

第七章 射 孔

第九十九条 射孔作业前应当通井。

射孔作业现场周围的车辆、人员不得使用无线电通信设备；装配现场除工作人员外，严禁其他人员进入，严禁吸烟和使用明火。装配时，操作人员应当站在射孔枪的安全方位。

第一百条 煤层气企业在井口进行接线时，应当将枪身全部下入井内，电缆芯对地短路放电后方可接通。未起爆的枪身应当在断开引线并做好绝缘后，方可起出井口。未起爆的枪身或者已装好的枪身不再进行施工时，应当在圈闭相应的作业区域内及时拆除雷管和射孔弹。

使用过的射孔弹、雷管不得再次使用。

第一百零一条 撞击式井壁取心器炸药的使用，应当遵守国家有关火工品安全管理的规定。

第一百零二条 检测雷管时，检测人员应当使用爆破欧姆表测量，下深超过 70 米时方可接通电源。

第一百零三条 大雾、雷雨、七级风以上（含七级）天气及夜间不得进行射孔和井壁取心作业。

第一百零四条 施工结束返回后，施工人员应当直接将剩余火工品送交库房，并与保管员办理交接手续。

爆炸物品的销毁，应当符合国家有关石油射孔和井壁取心用爆炸物品销毁标准的规定。

第八章 压 裂

第一百零五条 井场应当具备能摆放压裂设备并方便作业的足够面积，设有明确的安全警示标志。

第一百零六条 施工作业前，施工人员应当详细了解井场内地下管线及电缆分布情况，并按照设计要求做好施工前准备。

第一百零七条 新井、一年内未进行任何作业的老井均应当进行通井。通井时遇到异常情况的，施工人员应当在采取有效措施后方可继续作业。

第一百零八条 压裂设备、井口装置和地面管汇应当满足压裂施工工艺和压力要求。

压裂施工所用高压泵安全销子的剪断压力不得超过高压泵额定最高工作压力。井口应当用专用支架或者其他方式固定。高压管线长度每间隔 8 米时应当有固定高压管线的措施。

以井口 10 米为半径，沿泵车出口至井口地面流程两侧 10 米为边界，设定为高压危险区，并使用专用安全带设置封闭的安全警戒线。

第一百零九条 摆放设备时，煤层气企业应当安排好混砂车与管汇车、管汇车与压裂泵车、压裂泵车距井口的距离。仪表车应当安放在能看到井口、视野开阔的地点。

第一百一十条 压裂施工必须在白天进行。煤层气企业应当对压裂施工进行统一指挥，指挥员应当随时掌握施工动态，保持通讯系统畅通。

第一百一十一条 煤层气企业在施工前应当召开安全会，提出安全要求，明确安全阀限定值，同时进行下列安全检查：

（一）检查压裂设备、校对仪表，确保压裂主机及辅机的工作状况良好，待修或者未达到施工要求的设备不得参加施工；

（二）按照设计要求试压合格，各部阀门应当灵活好用。设备和管线泄漏时，应当在停泵、泄压后方可检修；

（三）压裂车逐台逐挡充分循环排空，排净残液、余砂。

第一百一十二条 施工期间煤层气企业应当派专人负责巡视边界，严禁非施工人员进入井场。高压区必须设有警戒，无关人员不得进入。

第一百一十三条 施工中进出井场的车辆排气管应当安装阻火器。施工车辆通过井场地面裸露的油、气管线及电缆时，煤层气企业应当采取防止碾压的保护措施。

第一百一十四条 泵车操作应当平稳，严禁无故换档或者停车。出现故障必须停车时，操作人员应当及时通知指挥员采取措施。

第一百一十五条 压裂期间，煤层气企业必须有专人监测剩余压裂液液面、支撑剂剩余量和供应情况，确保连续供液和供砂。

第一百一十六条 加砂过程中，压力突然上升或者发生砂堵时，煤层气企业应当及时研究处理，不得强行憋压。

使用放射性示踪剂的，应当按照有关规定采取相应的防护措施，并定期对放射性示踪剂的活度、存储装置是否完好进行检测，对接触人员进行体检。

第一百一十七条　压裂施工后，煤层气企业应当对设备的气路系统、液压系统、吸入排出系统、仪表系统、混合系统、柱塞泵、卡车、燃料系统等进行安全检查和维修保养。

第九章　排　采

第一百一十八条　排采井场应当符合下列要求：

（一）平整、清洁、无杂草；

（二）井场周围应当设围栏，围栏高度不得低于1.7米，并有明确的警示标识；

（三）井场内所有可能对人体产生碰伤、挤伤或者其他伤害的危险物体均应当涂以红色标记，以示警告。

第一百一十九条　煤层气企业应当将排采沉淀池布置在井场围栏范围内；布置在排采围栏范围外时，应当设独立围栏。

第一百二十条　选择放空火炬的位置应当考虑当地全年主风向，置于全年最小频率风向的上风侧。

第一百二十一条　排采设备应当置于远离放空火炬的一侧摆放，发电机排气筒方向不得正对井口。煤层气企业应当定期用可燃气体检测仪检测阀门、管线是否漏气，发现漏气应当立即检修处理。

气、水管线应当分别安装气、水阀门，气管线应当涂成黄色，水管线应当涂成绿色。

第一百二十二条　煤层气企业应当定期检查气水分离器（如有）的阀门、安全阀是否灵活好用。

第一百二十三条　煤层气企业应当对气水分离器（如有）定期排水，防止造成水堵或者积聚。

第一百二十四条 抽油机的安装应当符合下列要求：

（一）地基夯实，水泥基础坐落在土质均匀的原土上，冰冻地区应当开挖至冰冻层以下；

（二）基础表面没有裂纹、变形现象；

（三）抽油机底座与基础墩接触面紧密贴实，地角螺栓不得悬空；

（四）平衡块与曲柄的装配面及曲柄燕尾槽内严禁夹入杂物。

第一百二十五条 抽油机启动前，煤层气企业应当确保抽油机各部位牢固可靠、刹车及皮带松紧适宜、供电系统正常。

第一百二十六条 工作人员巡检时应当与抽油机保持一定的安全距离，刹车操作后应当合上保险装置。抽油机运转或者未停稳时，不得接触、靠近抽油机的运转部位，也不得进行润滑、加油或者调整皮带等操作。

第一百二十七条 进行调整冲程、更换悬绳器等高空作业时，操作人员应当系好安全带并站稳，防止滑落跌伤和工具掉落伤人。

第一百二十八条 更换井口装置时，煤层气企业应当在施工现场配备防火、防爆设施。割焊井口时，煤层气企业必须制定相应的安全技术措施。

第一百二十九条 螺杆泵设备运行期间，应当确保各连接部位无松动、减速箱不漏（缺）油、皮带无松弛、光杆不下滑、机体无过热现象。

第一百三十条 欠载跳闸时，工作人员应当排除方卡子松动、传动部分打滑、断杆卸载等原因后方可开机；过载跳闸时，应当排除短路、缺相现象后方可开机。

第一百三十一条 排采设备的控制柜应当有防护措施，埋地电缆处应当有明显标记。

第一百三十二条 测量电潜泵机组参数时，测量人员必须把控制柜总电源断开，并悬挂警示牌。

第一百三十三条 电潜泵停机时,不得带负荷拉闸。电潜泵出现故障停机时,如未查明原因并排除故障,不得二次启动。

第一百三十四条 动液面测试前,必须在关闭套管阀门并释放压力后,方可安装井口连接器。测试动液面时,应当采用氮气进行击发,严禁采用声弹进行击发。

第一百三十五条 连接器安装完毕后,连接器上的放空阀应当关严,缓慢打开套管阀门。

对有套压井,有关人员必须在套管阀门打开时无异常情况下方可装接信号线。

第一百三十六条 测试结束后,测试人员应当关严套管阀门,打开放空阀门,拆除各连接电缆后,方可卸下井口连接器。

第一百三十七条 示功图测试前,抽油机驴头必须停在下死点,拉住刹车;操作人员应当选择安全的操作位置安装仪器;仪器安装后,必须确保挂上保险装置。

第一百三十八条 修井时,探砂面、冲砂起下管柱应当按照国家有关常规修井作业规程的安全规定执行。

第一百三十九条 冲砂前,水龙带必须拴保险绳,循环管线应当不刺不漏。冲砂时,禁止人员穿越高压区。

第一百四十条 下泵时,井口应当安装防掉、防碰装置,严防井下落物和因碰撞产生火花。禁止挂单吊环操作。

修井机绷绳强度应当与修井机匹配,并确保地锚牢固可靠。

第一百四十一条 洗井时,泵车、水罐车等设备的摆放场地应当处于便于操作的安全位置,出口管线连接应当平直,末端用地锚固定。

第一百四十二条 洗井前必须试压合格,各部阀门应当灵活好用。

第一百四十三条 洗井期间,提升动力设备应当连续运转,不得熄火。泵压升高,洗井不通时,应当及时分析处理,不得强行憋泵；设备和管线泄漏时，应当在停泵、泄压后方可检修。

发生严重漏失时，应当采取有效堵漏措施后再进行施工。

第一百四十四条 煤层气企业应当对报废的煤层气井进行封井处理，建立报废煤层气井的档案，并有施工单位和煤层气企业等有关部门的验收意见。

第一百四十五条 报废的煤层气井的井筒必须用水泥浆或者水泥砂浆封固，封固高度为从井底到最上面一个可采煤层顶板以上100米。废弃的井筒必须在井口打水泥塞，并将地面以下1.5米套管割掉，用钢板将套管焊住，然后填土至与地面平齐。

第十章　煤层气集输

第一百四十六条 煤层气集输管线线路走向应当根据地形、工程地质、沿线井场（站场）的地理位置以及交通运输、动力等条件，确定最优线路。

管线线路的选择应当符合下列要求：

（一）线路顺直、平缓，减少与天然和人工障碍物的交叉；

（二）避开重要的军事设施、易燃易爆仓库、国家重点文物保护单位等区域；

（三）避开城镇规划区、大型站场、飞机场、火车站和国家级自然保护区等区域。当受条件限制，管线需要在上述区域内通过时，必须征得有关部门同意，留出足够的安全距离，并采取相应的安全保护措施；

（四）严禁管线通过铁路或者公路的隧道、桥梁（管线专用公路的隧道、桥梁除外）以及铁路编组站、大型客运站和变电所；

（五）避开地下杂散电流干扰大的区域；当避开确有困难时，需采取符合标准、规范的排流措施；

（六）避开不良工程地质地段；需选择合适的位置和方式穿越。

第一百四十七条 煤层气管线及管线组件的材质选择，应当综合考虑使用压力、温度、煤层气特性、使用地区、经济性等因素。

煤层气管线及管线组件的材质选择应当符合下列要求：

（一）采用材料的强度、寿命满足安全要求，煤层气集输钢质管道的设计符合《油气集输设计规范》（GB50350）的有关规定，煤层气采气聚乙烯管道的设计符合《聚乙烯燃气管道工程技术规程》（CJJ63）的有关规定；

（二）材料生产企业按照相应标准生产，并提供产品质量证明书；

（三）选用的管线组件符合安全标准并有质量证明书；

（四）管线材质满足当地的抗震要求；

（五）采用钢管和钢质组件时，应当根据强度等级、管径、壁厚、焊接方式及使用环境温度等因素提出材料韧性要求；

（六）穿越铁路、公路、大型河流及人口稠密区时，采用钢管，管线组件严禁使用铸铁件。

第一百四十八条 煤层气集输管线应当采用埋地方式敷设，特殊地段也可以采用土堤、地面、架空等方式敷设。管线敷设应当满足抗震要求。

第一百四十九条 埋地管线坡度应当根据地形的要求，采用弹性敷设，管线埋地深度应当在冻土层以下。覆土层最小厚度、管沟边坡和沟底宽度应当符合国家有关输气管道工程设计规范标准的规定。

管线与其他管线交叉时，其垂直净距一般不得小于0.3米；当小于0.3米时，两管间应当设置坚固的绝缘隔离物。管线与电力、通信电缆交叉时，其垂直净距不得小于0.5米。管线在交叉点两侧各延伸10米以上的管段，应当采用相应的最高绝缘等级。

管线改变方向时，应当优先采用弹性敷设（曲率半径应当大于或者等于管线直径的1000倍），垂直面上弹性敷设管线的曲率半径应当大于管线在自重作用下产生的挠度曲线的曲率半径。曲率半径的计算应当符合国家有关输气管道工程设计规范标准的规定。

第一百五十条 用于改变管线走向的弯头的曲率半径应当大于或者等于外直径的 4 倍,并便于清管器或者检测仪器顺利通过。现场冷弯弯管的最小曲率半径应当符合国家有关输气管道工程设计规范标准的规定。弯管上的环向焊缝应当进行 X 射线检查。

管线不得采用斜口连接,不允许采用褶皱弯或者虾米弯,管子对接偏差不得大于 3 度。

第一百五十一条 管线穿、跨越铁路、公路、河流时,应当符合国家油气输送管道穿越工程设计规范标准和油气输送管道跨越工程设计规范标准的有关规定。

第一百五十二条 管线沿线应当设置里程桩、转角桩、标志桩和警示牌等永久性标志。里程桩应当沿气流前进方向从管线起点至终点每 500 米连续设置。里程桩可以与阴极保护测试桩结合设置。

第一百五十三条 钢制埋地集输管线的设计应当符合国家有关防腐绝缘与阴极保护标准的有关规定。

管线阴级保护达不到规定要求的,经检测确认防腐层发生老化时,煤层气企业应当及时进行防腐层大修。

第一百五十四条 裸露或者架空的管线应当有良好的防腐绝缘层,带保温层的,采取保温和防水措施。管线应当定期排水,防止造成水堵、冰堵。

站场的进出站两端管线,应当加装绝缘接头,确保干线阴极保护可靠性。

第一百五十五条 煤层气企业应当依据煤层气田地面建设总体规划以及所在地区城镇规划、集输管线走向,结合地形、地貌、工程和水文地质条件,统一规划站场的选址及布局,并远离地质灾害易发区,在站场服务年限内避免受采空区、采动区的影响,确保站场安全。

第一百五十六条 站场应当布置在人员集中场所及明火或者散

发火花地点全年最小频率风向的上风侧，站场主要设施与周边有关设施的安全距离应当符合下列要求：

（一）与居民区、村镇、公共设施的防火间距不小于 30 米；

（二）与相邻厂矿企业、35 千伏及以上变电所的防火间距不小于 30 米；

（三）与公路的间距不小于 10 米；

（四）与铁路线的间距不小于 20 米；

（五）与架空通信线、架空电力线的间距不小于 1.5 倍杆高；

（六）与采石场等爆炸作业场地的间距不小于 300 米。

第一百五十七条 站场内平面布置、防火安全、场内道路交通及与外界公路的连接应当符合《石油天然气工程设计防火规范》（GB50183）的有关规定。

第一百五十八条 站场的防洪设计标准，应当综合考虑站场规模和受淹损失等因素，集气站重现期为 10 年至 25 年，中心处理站重现期为 25 年至 50 年。

第一百五十九条 放空管应当位于站场生产区最小频率风向的上风侧，且处于站场外地势较高处，其高度应当比附近建（构）筑物高出 2 米以上，且总高度不得小于 10 米。放空管距站场的距离一般不小于 10 米；当放空量大于 12000 立方米/小时且等于或者小于 40000 立方米/小时时，放空管距站场的距离应当不小于 40 米。

第一百六十条 站场设备应当由具备国家规定资质的企业生产，有产品合格证书并满足安全要求。

第一百六十一条 煤层气企业应当定时记录设备的运转状况，定期分析主要设备的运行状态。安全阀和压力表应当定期进行校验。调节阀、减压阀、高（低）压泄压阀等主要阀门应当按照相应运行和维护规程进行操作和维护，并按照规定定期校验。

第一百六十二条 煤层气企业应当在站场的进口处设置明显的安全警示牌、进站须知和逃生路线图，并应当向进入站场的外来人员告知安全注意事项等。

站场应当设置不低于1.7米的非燃烧材料围墙或者围栏，并设置安全警示标志。

站场内大于或者等于35千伏的变配电站应当设置不低于1.5米的围栏。

第一百六十三条 站场的供电负荷和供电电源应当根据《石油天然气安全规程》（AQ2012）的有关规定确定。用电设备及线路走向应当合理，导体选择及线路敷设应当符合安全规定，线路应当无老化、破损和裸露现象。

第一百六十四条 配电室应当有应急照明，配电室门应当外开，保持通风良好，并安装挡鼠板。电缆沟应当无积水，地沟应当封堵。地沟可燃气体浓度应当定期检验，避免沟内窜气。

第一百六十五条 站场内对管线进行吹扫、试压时，煤层气企业应当编制作业方案，制定安全技术措施。

强度试验和气密试验时发现管线泄漏的，煤层气企业应当查明原因，制定修理方案和安全措施后方可进行修理。

第一百六十六条 压缩机应当允许煤层气组分、进气压力、进气温度和进气量有一定的波动范围。

第一百六十七条 压缩机启动及事故停车安全联锁应当完好。

压缩机的吸入口应当有防止空气进入的措施；压缩机的各级进口应当设凝液分离器或者机械杂质过滤器。分离器应当有排液、液位控制和高液位报警及放空等设施。

第一百六十八条 在煤层气脱水装置前应当设置分离器。

脱水器前及压缩机的出口管线上的截断阀前应当分别设置安全阀。

第一百六十九条 煤层气脱水装置中，气体管线应当选用全启式安全阀，液体管线应当选用微启式安全阀。安全阀弹簧应当具有可靠的防腐蚀性能或者必要的防腐保护措施。

第一百七十条 含硫化氢的煤层气应当脱硫、脱水。距煤层气处理厂较远的酸性煤层气，如因管输产生游离水，应当先脱水、后脱硫。

第一百七十一条 在煤层气处理及输送过程中使用化学药剂时，煤层气企业应当严格执行技术操作规程和措施要求，并落实防冻伤、防中毒和防化学伤害等措施。

第一百七十二条 煤层气企业应当在脱硫溶液系统中设过滤器。

第一百七十三条 进脱硫装置的原料气总管线和再生塔应当设安全阀，液硫储罐最高液位之上应当设置灭火蒸汽管。储罐四周应当设置闭合的不燃烧材料防护墙，墙高应当为1米，四周应当设置相应的消防设施。

第一百七十四条 在含硫容器内作业时，煤层气企业应当进行有毒气体测试，并备有正压式空气呼吸器。

第一百七十五条 集输系统投产应当符合下列要求：

（一）管线与设备的严密性试验合格；

（二）各单体设备、分系统试运行正常，设备工作状态良好，集输系统整体联合试运行正常；

（三）集气管线全线进行试压、清管；

（四）制定安全措施和应急预案。

第一百七十六条 管线投运前，煤层气企业应当对管线内的空气进行置换，避免空气与煤层气混合。

置换过程中的混合气体应当利用放空系统放空，并以放空口为中心设立隔离区并禁止烟火。进行氮气置换时，进入管线的氮气温度应当不低于5摄氏度；排放氮气时应当防止大量氮气聚集造成人员窒息，管线中氮气量过大时应当提前进行多点排放。

第一百七十七条 对管线的监控应当遵守下列规定：

（一）对重要工艺参数及工作状态进行连续检测和记录；

（二）根据沿线情况定期对集输管线进行巡线检查，但每季度至少徒步巡查一次；

（三）定时巡查线路分水器，及时排放污水，并有防止冰冻的措施；

（四）在雨季、汛期或者其他灾害发生后加密巡查；

（五）定期对装有阴极保护设施的管线保护电位进行测试。

第一百七十八条　对站场的监控应当遵守下列规定：

（一）压力、计量仪表灵敏准确，设备、管汇无渗漏。根据集输流程分布情况，在站场设置限压放空和压力高、低限报警设施；

（二）定时巡查站场内的分离器，及时将污水排放，并有防止冰冻的措施；

（三）站场工艺装置区、计量工作间等位于爆炸危险区域内的电气设备及照明采用防爆电器，其选型、安装和电气线路的布置符合《爆炸和火灾危险环境电力装置设计规范》（GB50058）的规定。

第一百七十九条　维护与抢修时，应当制定相应的维护与抢修安全措施和实施方案，合理配备专职维护与抢修队伍，抢修物资装备。

第一百八十条　维护与抢修现场应当采取保护措施，划分安全界限，设置警戒线、警示牌。进入作业场地的人员应当穿戴劳动防护用品。与作业无关的人员不得进入警戒区内。

第十一章　煤层气压缩

第一百八十一条　压缩站厂房建筑应当符合下列要求：

（一）压缩机地基基础满足设计载荷要求；

（二）阀组间、压缩机等厂房使用耐火材料，采用不发火地面；

（三）阀组间、压缩机等厂房的门窗向外开启，建筑面积大于100平方米的厂房至少有两个疏散门，并保持通道畅通；

（四）阀组间、压缩机等厂房设置通风设备。

第一百八十二条 压缩工艺流程设计应当根据输气系统工艺要求，满足气体的除尘、分液、增压、冷却和机组的启动、停机、正常操作及安全保护等要求。

煤层气处理后应当符合压缩机组对气质的技术要求。

第一百八十三条 压缩机应当符合下列安全要求：

（一）压缩机组有紧急停车和安全保护联锁装置；

（二）压缩机控制系统设置压力、温度显示与保护联动装置；

（三）压缩机前设置缓冲罐；

（四）煤层气压缩机单排布置；

（五）在高寒地区或者风沙地区压缩机组采用封闭式厂房，其他地区采用敞开式或者半敞开式厂房。

第一百八十四条 新安装或者检修投运压缩机系统装置前，煤层气企业应当对机泵、管线、容器、装置进行系统氮气置换，置换合格后方可投运。

第一百八十五条 设置压缩机组的吸气、排气和泄气管线时，应当避免管线的振动对建筑物造成有害影响；应当有防止空气进入吸气管线的措施，必要时高压排出管线应当设单向阀。

第一百八十六条 压缩机与站内其他建（构）筑物的防火间距应当符合《石油天然气工程设计防火规范》的规定。

第一百八十七条 压缩机组运行时应当符合下列安全保护要求：

（一）压缩机级间设置安全阀，安全阀的泄放能力不得小于压缩机的安全泄放量；

（二）压缩机进、出口设置高、低压报警和停机装置，冷却系统设置温度报警及停车装置，润滑油系统设置低压报警及停机装置。

第一百八十八条 压缩机气液处理应当符合下列要求：

（一）压缩机的卸载排气不得对外放散；

（二）回收气可以输送至压缩机进口缓冲罐；

（三）对压缩机排出的冷凝液进行集中处理。

第一百八十九条 压缩煤层气储气设备应当符合下列安全要求：

（一）储气瓶符合国家有关安全规定和标准；

（二）储气井的设计、建造和检验符合国家有关高压气地下储气井标准的规定；

（三）储气瓶组或者储气井与站内汽车通道相邻一侧，设置安全防撞拦或者采取其他防撞设施；

（四）储气瓶组（储气井）进气总管上设置安全阀及紧急放空管、压力表；每个储气瓶（井）出口设置截止阀。

第一百九十条 煤层气压力储罐（球罐、卧式罐）应当安装紧急放空、安全泄压设施及压力仪表。煤层气储罐（柜）检修动火时，应当经放空、清洗、强制通风，并检验气体中甲烷浓度（低于0.5%为合格）。

第一百九十一条 煤层气企业应当对煤层气储罐定期检测。煤层气储罐区应当有明显的安全警示标志。

第一百九十二条 固定式储罐应当有喷淋水或者遮阳设施。冬季应当有保温防冻措施。

第一百九十三条 压缩煤层气加气机不得设在室内，加气机附近应当设置防撞柱（栏）。

在寒冷地区应当选用适合当地环境温度条件的加气机。

第一百九十四条 加气机的加气软管及软管接头应当选用具有抗腐蚀性能的材料。加气软管上应当设置拉断阀，拉断阀在外力作用下分开后，两端应当自行密封。

第一百九十五条 进站管线上应当设置紧急截断阀，手动紧急截断阀的位置应当便于发生事故时及时切断气源。储气瓶组（储气井）与加气枪之间应当设储气瓶组（储气井）截断阀、主截断阀、紧急截断阀和加气截断阀。

第一百九十六条 工艺安全及监控系统应当符合下列要求：

（一）在站场压力设备和容器上设置安全阀；

（二）当工艺管线、设备或者容器排污可能释放出大量气体时，将其引入分离设备，分出的气体引入气体放空系统，液体引入储罐或者处理系统；

（三）每台压缩机有独立的温度和压力保护装置；

（四）压缩站在管线进站截断阀上游和出站截断阀下游设置限压泄放设施。

第一百九十七条 站场供电和电气安全应当符合下列要求：

（一）站场的消防、通信、控制、仪表等使用不间断电源或者双回路供电，消防、控制、配电等重要场所设置应急照明；

（二）站场内管汇、阀组、压缩机等爆炸危险区域必须使用防爆电气设施，电气线路使用阻燃电缆，线路的敷设采取防爆安全措施；

（三）配电室有防水、防鼠措施，安装挡鼠板，安全通道畅通，指示标志明显。

第一百九十八条 压缩站的防爆应当符合下列要求：

（一）压缩站按照防爆安全要求划分爆炸危险场所；

（二）使用防爆电气设备前，检查其产品合格证、产品安全标志及其安全性能，检查合格并签发合格证后方可使用；

（三）防爆电气设备安装、检查、保养、检修由具有专业资格的人员操作，并在机房、调配区设置"爆炸危险场所"标志牌；

（四）固定电气设备安装稳固，防止外力碰撞、损伤。

第一百九十九条 压缩站内电气设备应当符合下列防爆要求：

（一）整洁，部件齐全紧固，无松动、无损伤、无机械变形，场所清洁、无杂物和易燃物品；

（二）选型符合《爆炸和火灾危险环境有关电力设计规范》的要求；

（三）电缆进线装置密封可靠，空余接线孔封闭符合要求；

（四）设备保护、联锁、检测、报警、接地等装置齐全完整；

（五）防爆灯具的防爆结构、保护罩保持完整；

（六）接地端子接触良好，无松动、无折断、无腐蚀；

（七）应急照明设施符合防爆要求。

第二百条　防爆电气设备检查检修时应当符合下列要求：

（一）日常检查中严禁带电打开设备的密封盒、接线盒、进线装置、隔离密封盒等；

（二）禁止带电检修或者移动电气设备、线路、拆装防爆灯具和更换防爆灯泡、灯管；

（三）断电处悬挂警告牌；

（四）禁止用水冲洗防爆电气设备；

（五）对检修现场的电源电缆线头进行防爆处理；

（六）检修带有电容、电感、探测头等储能元件的防爆设备时，在按照规定放尽能量后方可作业；

（七）检修过程中不得损伤防爆设备的隔爆面；

（八）紧固螺栓不得任意调换或者缺少；

（九）记录检修项目、内容、测试结果、零部件更换、缺陷处理等情况，并归档保存。

第二百零一条　操作压缩机时应当符合下列要求：

（一）定时进行设备和仪表的日常巡检与维护，确保其完好；

（二）定期校验安全阀、压力表，确保其准确性；

（三）开机前检查注油器和机身的油量是否达到开机要求，电气设备是否完好，煤层气泄露监测系统自检有无问题，管线是否松动，阀门及法兰是否有漏气、漏水现象，阀门是否在正确位置，电机有无卡塞情况；

（四）操作时严格执行设备操作规程，注意高温管线，防止烫伤，防止超压、超温及机件损坏；

（五）机器运转过程中随时检查气压、水压、电压、排气温度以及压缩机的振动强度，发现问题及时处理；

（六）压缩机运转过程中观察每一级的气体温度和循环水的温度；

（七）压缩机运转过程中按照规定排污，并密切注意末级排气压力；当压力达到一定值时，及时告知加气工；发生不正常的响声或者压力、温度超出允许范围时，立即停机检查，排除故障；出现紧急情况时，按照事故紧急处理预案进行处理。

第二百零二条 清洗设备、器具时应当符合下列要求：

（一）严禁使用汽油、苯等易燃品清洗设备、器具和地坪；

（二）严禁使用压缩气体清扫储存易燃油品油罐；

（三）严禁使用化纤、塑料、丝绸等容易产生静电的制品擦拭物体及设备；

（四）清洗设备时，作业人员按照规定着装并消除人体静电。

第二百零三条 人员着装和防静电应当符合下列要求：

（一）进入爆炸危险场所，穿着有劳动安全标志的防静电服、棉布工作服和防静电鞋；

（二）进入爆炸危险场所前，预先触摸人体消静电球；

（三）严禁在爆炸危险场所穿衣、脱衣、拍打服装以及梳头、打闹等；

（四）爆炸危险场所的地坪不得涂刷绝缘油漆，或者铺设非导静电的材料。

第二百零四条 人员操作应当符合下列要求：

（一）经过本工种专业安全培训，通过考试取得合格证后，持证上岗；

（二）掌握岗位应急预案的执行程序，遇到紧急情况，能够按

照应急措施迅速作出处理;

(三) 熟悉本岗位装置的工作原理、构造、性能、技术特征、零部件的名称和作用;

(四) 熟悉本岗位电气控制设备的操作方法和有关的电气基本知识;

(五) 按照规定穿好工作服,并佩戴有关劳动防护用品;

(六) 排污时严禁操作人员将手伸向排污口;

(七) 排污时发现异常情况立即报告,由专业人员处理。

第十二章 附 则

第二百零五条 本规程下列用语的含义:

煤层气,是指赋存在煤层中以甲烷为主要成分、以吸附在煤基质颗粒表面为主、部分游离于煤孔隙中或者溶解于煤层水中的烃类气体。

煤层气地面开采,是指煤层气井的钻井、测井、压裂等施工环节及后期的排采管理、管线集输和压缩工程。

煤层气企业,是指专门从事煤层气地面开采的企业。

井位,是指为了进行煤层气开采而综合各种地质资料进行设计和优选出来的井的布置位置。

排采,是指通过抽排煤层及其围岩中的地下水来降低煤储层的压力,诱导甲烷从煤层中解吸出来。

煤层气井,是指通过地面钻井进入煤层,利用煤层气自身赋存压力与钻井空间的压力差释放煤层气的井孔。

裸眼井,是指在煤层顶部下套管后,一直钻进煤层至设计深度终孔,使煤层裸露的煤层气井。

站场,是指收集煤层气气源,进行净化处理,压缩输送的站场。

阈限值,是指长期暴露的工作人员不会受到不利影响的某种有毒物质在空气中的最大浓度。

安全临界浓度，是指工作人员在露天安全工作 8 小时可接受的硫化氢最高浓度。

危险临界浓度，是指达到此浓度时，对生命和健康会产生不可逆转的或者延迟性的影响。

置换，是指用氮气等惰性气体将作业管道、设备等集输系统内的空气或者可燃气体替换出来的一种方法。

动火，是指在易燃易爆危险区域内和煤层气容器、管线、设备或者盛装过易燃易爆物品的容器上，使用焊、割等工具，能直接或者间接产生明火的施工作业。

第二百零六条 本规程自 2012 年 4 月 1 日起施行。煤层气地面开采活动施行的其他规程、规范与本规程相抵触的，依照本规程执行。

加强煤矿建设安全管理规定

国家安全监管总局 国家煤矿安监局国家发展改革委
国家能源局 住房城乡建设部关于印发加强煤矿
建设安全管理规定的通知

安监总煤监〔2012〕153号

各产煤省、自治区、直辖市及新疆生产建设兵团发展改革委、能源局、煤炭行业管理部门、安全监管局、煤矿安全监管部门、住房城乡建设行政主管部门,各省级煤矿安全监察局,司法部直属煤矿管理局,有关中央企业:

近年来,国家为保障能源供应安全,出台了一系列政策措施,加快大型煤炭基地建设,对小煤矿实施整合技改、兼并重组,淘汰落后产能,大力促进煤炭工业产业结构调整,提高了煤炭生产集约化程度和生产力水平,保障了对国民经济发展的煤炭供应。但在快速发展过程中也出现了部分煤矿建设项目违反建设程序、违背工程建设规律,前期工作不到位、工程设计不规范、建设施工安全问题突出、安全生产主体责任不落实,部分建设项目安全监管职责不清、监管体系不完善、监管力度亟待加强等问题。

为认真贯彻落实《国务院关于进一步加强企业安全生产工作的通知》(国发〔2010〕23号)和《国务院关于坚持科学发展安全发展促进安全生产形势持续稳定好转的意见》(国发〔2011〕40号)精神,国家安全监管总局、国家煤矿安监局、国家发展改革委、国家能源局、住房城乡建设部研究制定了《加强煤矿建设安全管理规定》(以下简称《规定》)。现印发给你们，请认真贯彻执行。

《规定》自发布之日起执行，其他现行文件内容与《规定》不一致的，依照《规定》执行。

2012 年 12 月 21 日

为加强煤矿建设安全管理，规范煤矿建设程序，保障煤矿建设项目安全生产，促进全国煤矿安全生产形势持续稳定好转，现作以下规定：

一、落实煤矿建设单位安全生产管理主体责任，强化建设单位安全管理职责

（一）明确建设项目安全管理主体责任。建设单位法定代表人（实际控制人或主要负责人）对建设项目安全全面负责，是建设项目安全管理的第一责任人，上级集团公司对建设项目安全承担领导责任。建设单位必须落实安全生产管理主体责任，履行安全管理职责。

（二）建立建设项目统一管理机制。煤矿建设、施工、监理和设计单位应当建立信息畅通、优势互补、统一指挥、反应灵敏、控制有效的安全管理机制，建设单位必须对煤矿建设项目进行统一协调管理，建立安全、技术、工程管理机构，建立健全项目建设期间领导带班下井等安全管理制度，按专业配足安全、技术人员，组织项目施工准备工作，加强对建设项目施工的监督管理。建设单位应当与施工、监理等单位签订安全管理协议，明确各方的安全管理责任，并指定专职安全管理人员进行安全检查与协调。建设单位要指派安全管理人员现场跟班管理，及时发现和处理建设过程中的安全隐患。建设单位每半年要向省级煤炭行业管理部门和煤矿安全监察机构报送 1 次工程进展情况。

（三）规范建设项目招投标。建设单位应按照法律、行政法规

和项目核准文件等要求,做好项目勘察、设计、施工、监理以及重要设备、材料等采购活动的招投标工作,不得规避招标、虚假招标、限制或者排斥潜在招标人、非法转包或违规分包,不得压低涉及安全的工程造价,并接受有关部门的监督。

(四)加强地质勘查工作。地质勘查单位必须取得与地质勘查工程相适应的资质,并对提供的勘查报告真实性、准确性负责。建设单位应当向设计、施工、监理等单位提供与建设工程项目有关的原始资料,地质勘查报告必须经过评审,达到相关规范要求,确保资源储量、构造、瓦斯、水文、煤层自燃倾向性、煤尘爆炸危险性等开采条件满足煤矿设计、施工和监理的需要,并经国土资源主管部门备案。

对于资源整合项目,建设单位要向设计、施工、监理等单位提供水文地质补充勘探资料,重点查清采空区分布区域、面积及积水、积气等情况。

(五)做好煤层突出危险性评估工作。新建矿井在可行性研究阶段,应当对矿井内采掘工程可能揭露的所有平均厚度在0.3米以上的煤层进行突出危险性评估。煤层突出危险性应当由具有突出危险性鉴定资质的单位、甲级资质的安全评价机构,或政府有关部门牵头组织相关专家进行评估,评估报告结论应当适用全矿井开采范围。

(六)规范建设项目设计报批程序。建设单位应根据批准的煤矿建设规模,委托具有相应资质的设计单位编制设计,同一项目的初步设计与安全设施设计应当由同一设计单位编制。初步设计应当按照批准的安全设施设计进行修改完善和报批。煤矿建设项目施工过程中瓦斯、煤层自燃倾向性、煤尘爆炸危险性、水文地质类型等条件发生变化,原设计的开拓方式、开采工艺,提升、运输、通风等主要生产系统以及首采区、首采工作面布置等需要变更,或施工过程中发现设计存在重大缺陷、影响安全施工,需要修改设计的,应当立即停止施工，委托原设计单位对初步设计和安全设施设计进行修改，报原批准部门审批。其中，涉及项目核准文件所规定的建设规模、重大技术方案等有关内容调整的，还应当事先以书面形式向原核准部门报批。矿井瓦斯等级、水文地质类型升级，应当重新考核施工单位的资质和业绩，确保施工单位具有相应的资质和能力。

（七）编制建设项目施工组织设计。施工组织设计应当由建设单位（或项目总承包单位）负责组织编制，并经设计、施工、监理等相关单位会审。施工组织设计中必须有保障安全施工的措施，确定的矿井一期、二期、三期工程施工顺序，应科学合理，符合有关规定。

（八）严格建设项目开工管理。建设单位要严格执行煤矿建设项目开工标准，按规定取得开工手续，不具备开工条件、未取得开工手续的项目，不得以任何名义进行井筒开挖（含冻结）和剥离土（岩）开挖等主体工程施工。

（九）做好建设项目联合试运转工作。煤矿建设项目达到国家规定的条件后方可申请联合试运转。大中型煤矿建设项目联合试运转按规定报省级煤炭行业管理部门或投资主管部门批准，小型煤矿建设项目联合试运转按规定报市（地）级煤炭行业管理部门或投资主管部门批准。

建设单位必须统筹安排联合试运转与竣工验收工作，联合试运转的时间一般为1至6个月；有特殊情况需要延期的，必须按规定经省级煤炭行业管理部门或投资主管部门批准，但联合试运转总时间最长不得超过12个月。未提交联合试运转报告，或者联合试运转没有达到预期目标和效果的，不得申请竣工验收。超过批准的联合试运转期限的，必须立即停止联合试运转，严禁以联合试运转名义组织生产。

（十）建立建设项目应急救援机制。建设单位应当严格落实安全生产应急管理责任，编制完善应急预案，按规定建立救援队伍或签订救援协议，配备必要的应急救援物资、装备和设施；加强管理人员及全体从业人员的教育培训，通过定期演练，使作业和施救人员掌握相关应急预案内容，具备应急处置能力。

二、落实煤矿建设项目设计规范要求，强化设计管理

（十一）规范建设项目设计工作。工程咨询、设计单位必须按照国家有关标准、规定等编制可行性研究报告、项目申请报告、初步设计和安全设施设计，不得承担与其资质等级不符的设计编制任务，也不得承担未按规定查明资源储量、瓦斯、水文、地质等安全开采条件的煤矿建设项目的设计编制任务。承接高瓦斯、煤与瓦斯突出、水文地质类型复杂和极复杂矿井建设项目设计的设计单位，必须具有相应的煤矿设计业绩。

（十二）强化建设项目现场服务。对已开工的建设项目，设计单位必须委派相关专业人员常驻施工现场，加强与施工和建设单位沟通交流，及时协助解决相关问题。

三、落实煤矿建设项目施工单位安全施工主体责任，强化施工现场安全管理

（十三）落实煤矿建设项目施工单位安全施工主体责任。施工单位对煤矿建设施工安全承担主体责任，上级管理单位承担领导责任。施工单位必须设置安全生产管理机构，明确安全、技术负责人，加强对施工项目部及施工过程的安全管理，按照批准的设计组织施工，并对工程质量负责。

（十四）强化施工项目部管理。施工项目部必须建立健全安全生产责任制，制定项目部领导和管理人员现场带（跟）班等安全生产规章制度、各工种操作规程、应急救援预案。

施工项目部必须配备满足施工安全需要的装备，专职安全生产管理人员，以及矿建、机电、通风、地测等工程技术人员和特种作业人员。项目部负责人、专职安全生产管理人员、特种作业人员必

须具备相应的安全生产知识和管理能力,并持证上岗。

(十五)严格按资质等级范围承建工程。施工单位必须依法取得政府主管部门颁发的建筑业企业资质和安全生产许可证,并严格按资质等级许可的范围承建相应规模的煤矿建设项目,严禁转包、违法分包工程和挂靠资质施工。

承接高瓦斯、煤与瓦斯突出、水文地质类型复杂和极复杂的矿井,立井井深大于600米、斜井垂深大于200米或斜井长度大于1000米工程的施工单位,必须具有一级及以上矿山工程施工总承包资质,同时具有相应的煤矿建设工程施工业绩。

(十六)保证建设项目安全投入,强化隐患排查治理。施工单位应当建立安全生产费用提取和使用管理制度,按照国家规定足额提取和使用安全费用,满足安全施工需要。提取的安全费用列入工程造价,在竞标时,不得删减,列入标外管理。

施工单位要建立事故隐患排查治理制度,加强现场安全管理,及时排查并消除事故隐患。发现重大事故隐患的,应当立即停止施工、从危险区域撤出作业人员并及时报告建设单位。

四、落实煤矿建设项目监理单位安全责任,强化工程监理

(十七)明确监理单位安全责任。项目监理单位必须依法取得相应资质并在相应资质等级范围内承揽业务。监理单位对煤矿施工质量和安全等承担监理责任,应当公正、独立、自主地开展监理工作,配备与建设项目监理工作相适应的足够数量的监理工程师和监理人员(不得少于4人)及监理设备。要明确项目监理机构人员的分工和岗位职责,制定和落实项目监理规划、实施细则,严格监理程序。

(十八)严格履行监理职责。监理单位要按照建设工程监理合同、监理规范等规定,严格审查施工组织设计中的安全技术措施或专项施工方案是否符合工程建设强制性标准,并监督落实,开展工程质量现场巡视检查和工程情况监理。对存在事故隐患的,要及时

下达整改指令并报告建设单位；对存在重大事故隐患的，应当要求立即停止施工，并监督施工单位予以排除，待隐患消除后方可恢复施工。现场监理人员应当认真填写监理日志并做好监理报告。

五、落实煤矿建设项目安全监管责任，强化监督管理

（十九）严厉打击非法违法建设行为。各有关部门和机构要加强协调配合，在政府统一领导下，加强联合执法，加大对超层越界、未批先建、批小建大等非法、违法、违规建设行为的打击力度。对不符合条件擅自开工的，必须责令其停止施工；对设计、施工、监理单位资质资格不符合要求的，应当及时予以处理；对抢工期、赶进度的，要责令其整改；对施工过程中存在事故隐患的，应当责令其整改或停止施工；对存在重大事故隐患冒险组织施工的，要责令其停止施工，并依法查处；对以整合、技改名义违规组织生产，以及故意拖延工期、未在规定期限内实施改造的矿井，要依法予以关闭。

（二十）切实加强煤炭地质勘查管理。各级国土资源主管部门要切实加强对煤炭地质勘查工作的管理，提高勘查地质报告质量。要进一步规范地质勘查实施方案管理，加强勘查实施方案审查，加强煤炭和煤层气综合勘查，并监督实施。勘查工作完成后，要对大中型储量规模的勘查项目开展野外工程验收。

（二十一）严格煤矿地质勘查报告评审备案和矿区范围划定。评审单位要严格按照有关规范开展煤矿地质勘查报告评审工作。地质勘查报告达不到国家规范要求的，不予通过评审、备案。勘查程度达不到现行规范要求的，国土资源主管部门不得为其划定矿区范围。

（二十二）严格各类资质管理。国土资源主管部门要严格地质勘查资质管理。住房城乡建设行政主管部门会同煤炭行业管理等部门制定完善煤矿建设相关资质管理办法，并加强日常监督管理。煤炭行业管理等部门要对开展煤矿设计、施工、监理业务的单位实施

动态管理，发现能力、业绩不符合相应资质要求或存在违法违规行为的，应当向颁证部门提出处理建议，由颁证部门依法严肃处理。

（二十三）加强施工企业安全生产许可管理工作。住房城乡建设行政主管部门向煤矿施工企业颁发安全生产许可证时，应当有煤炭行业管理部门、煤矿安全监察机构的初审同意意见。煤炭行业管理部门和煤矿安全监管监察部门发现煤矿施工企业达不到安全生产条件的，应当责令其停止施工，并向住房城乡建设行政主管部门提出处理建议，由其依据有关规定进行处理。

（二十四）加强施工单位信息管理。施工单位应当将施工资质、项目部负责人、安全负责人、技术负责人等资格证书及中标文件等资料报送工程所在地省级煤炭行业管理部门备案，施工项目部负责人等发生变化时，应当及时书面报告。煤炭行业管理部门必须核实同一项目施工单位数量及资质，施工项目部经理及安全管理人员资格，以及从事施工的专业技术人员、特种作业人员、一般施工人员培训等情况，并加强日常监督检查。

（二十五）加强隐患排查治理的监督检查。煤矿安全监管部门要建立完善煤矿建设项目安全隐患排查治理监督检查制度，发现重大安全隐患的，要下达整改指令书，并建立信息管理台账，逐级报告，实行挂牌督办。对整改不力的企业，要向社会公告，并依法处罚。

（二十六）强化煤矿建设项目安全监察工作。各级煤矿安全监察机构要加强对地方政府煤矿安全监管工作的监督检查和指导；加大煤矿建设项目安全监察力度，发现非法、违法建设的，要依法查处；要依法组织开展煤矿建设安全事故调查处理工作，依法追究有关责任单位和责任人的责任。

放射工作人员职业健康管理办法

中华人民共和国卫生部令

第 55 号

《放射工作人员职业健康管理办法》已于 2007 年 3 月 23 日经卫生部部务会议讨论通过,现予以发布,自 2007 年 11 月 1 日起施行。

二〇〇七年六月三日

第一章 总 则

第一条 为了保障放射工作人员的职业健康与安全,根据《中华人民共和国职业病防治法》(以下简称《职业病防治法》)和《放射性同位素与射线装置安全和防护条例》,制定本办法。

第二条 中华人民共和国境内的放射工作单位及其放射工作人员,应当遵守本办法。

本办法所称放射工作单位,是指开展下列活动的企业、事业单位和个体经济组织:

(一)放射性同位素(非密封放射性物质和放射源)的生产、

使用、运输、贮存和废弃处理；

（二）射线装置的生产、使用和维修；

（三）核燃料循环中的铀矿开采、铀矿水冶、铀的浓缩和转化、燃料制造、反应堆运行、燃料后处理和核燃料循环中的研究活动；

（四）放射性同位素、射线装置和放射工作场所的辐射监测；

（五）卫生部规定的与电离辐射有关的其他活动。

本办法所称放射工作人员，是指在放射工作单位从事放射职业活动中受到电离辐射照射的人员。

第三条 卫生部主管全国放射工作人员职业健康的监督管理工作。

县级以上地方人民政府卫生行政部门负责本行政区域内放射工作人员职业健康的监督管理。

第四条 放射工作单位应当采取有效措施，使本单位放射工作人员职业健康的管理符合本办法和有关标准及规范的要求。

第二章 从业条件与培训

第五条 放射工作人员应当具备下列基本条件：

（一）年满18周岁；

（二）经职业健康检查，符合放射工作人员的职业健康要求；

（三）放射防护和有关法律知识培训考核合格；

（四）遵守放射防护法规和规章制度，接受职业健康监护和个人剂量监测管理；

（五）持有《放射工作人员证》。

第六条 放射工作人员上岗前，放射工作单位负责向所在地县级以上地方人民政府卫生行政部门为其申请办理《放射工作人员证》。

开展放射诊疗工作的医疗机构，向为其发放《放射诊疗许可证》的卫生行政部门申请办理《放射工作人员证》。

开展本办法第二条第二款第（三）项所列活动以及非医用加速器运行、辐照加工、射线探伤和油田测井等活动的放射工作单位，向所在地省级卫生行政部门申请办理《放射工作人员证》。

其他放射工作单位办理《放射工作人员证》的规定，由所在地省级卫生行政部门结合本地区实际情况确定。

《放射工作人员证》的格式由卫生部统一制定。

第七条　放射工作人员上岗前应当接受放射防护和有关法律知识培训，考核合格方可参加相应的工作。培训时间不少于4天。

第八条　放射工作单位应当定期组织本单位的放射工作人员接受放射防护和有关法律知识培训。放射工作人员两次培训的时间间隔不超过2年，每次培训时间不少于2天。

第九条　放射工作单位应当建立并按照规定的期限妥善保存培训档案。培训档案应当包括每次培训的课程名称、培训时间、考试或考核成绩等资料。

第十条　放射防护及有关法律知识培训应当由符合省级卫生行政部门规定条件的单位承担，培训单位可会同放射工作单位共同制定培训计划，并按照培训计划和有关规范或标准实施和考核。

放射工作单位应当将每次培训的情况及时记录在《放射工作人员证》中。

第三章　个人剂量监测管理

第十一条　放射工作单位应当按照本办法和国家有关标准、规范的要求，安排本单位的放射工作人员接受个人剂量监测，并遵守下列规定：

（一）外照射个人剂量监测周期一般为30天，最长不应超过90天；内照射个人剂量监测周期按照有关标准执行；

（二）建立并终生保存个人剂量监测档案；

（三）允许放射工作人员查阅、复印本人的个人剂量监测档案。

第十二条 个人剂量监测档案应当包括：

（一）常规监测的方法和结果等相关资料；

（二）应急或者事故中受到照射的剂量和调查报告等相关资料。

放射工作单位应当将个人剂量监测结果及时记录在《放射工作人员证》中。

第十三条 放射工作人员进入放射工作场所，应当遵守下列规定：

（一）正确佩戴个人剂量计；

（二）操作结束离开非密封放射性物质工作场所时，按要求进行个人体表、衣物及防护用品的放射性表面污染监测，发现污染要及时处理，做好记录并存档；

（三）进入辐照装置、工业探伤、放射治疗等强辐射工作场所时，除佩戴常规个人剂量计外，还应当携带报警式剂量计。

第十四条 个人剂量监测工作应当由具备资质的个人剂量监测技术服务机构承担。个人剂量监测技术服务机构的资质审定由中国疾病预防控制中心协助卫生部组织实施。

个人剂量监测技术服务机构的资质审定按照《职业病防治法》、《职业卫生技术服务机构管理办法》和卫生部有关规定执行。

第十五条 个人剂量监测技术服务机构应当严格按照国家职业卫生标准、技术规范开展监测工作，参加质量控制和技术培训。

个人剂量监测报告应当在每个监测周期结束后1个月内送达放射工作单位，同时报告当地卫生行政部门。

第十六条 县级以上地方卫生行政部门按规定时间和格式，将本行政区域内的放射工作人员个人剂量监测数据逐级上报到卫生部。

第十七条 中国疾病预防控制中心协助卫生部拟定个人剂量监

测技术服务机构的资质审定程序和标准，组织实施全国个人剂量监测的质量控制和技术培训，汇总分析全国个人剂量监测数据。

第四章　职业健康管理

第十八条　放射工作人员上岗前，应当进行上岗前的职业健康检查，符合放射工作人员健康标准的，方可参加相应的放射工作。

放射工作单位不得安排未经职业健康检查或者不符合放射工作人员职业健康标准的人员从事放射工作。

第十九条　放射工作单位应当组织上岗后的放射工作人员定期进行职业健康检查，两次检查的时间间隔不应超过2年，必要时可增加临时性检查。

第二十条　放射工作人员脱离放射工作岗位时，放射工作单位应当对其进行离岗前的职业健康检查。

第二十一条　对参加应急处理或者受到事故照射的放射工作人员，放射工作单位应当及时组织健康检查或者医疗救治，按照国家有关标准进行医学随访观察。

第二十二条　从事放射工作人员职业健康检查的医疗机构（以下简称职业健康检查机构）应当经省级卫生行政部门批准。

第二十三条　职业健康检查机构应当自体检工作结束之日起1个月内，将职业健康检查报告送达放射工作单位。

职业健康检查机构出具的职业健康检查报告应当客观、真实，并对职业健康检查报告负责。

第二十四条　职业健康检查机构发现有可能因放射性因素导致健康损害的，应当通知放射工作单位，并及时告知放射工作人员本人。

职业健康检查机构发现疑似职业性放射性疾病病人应当通知放射工作人员及其所在放射工作单位，并按规定向放射工作单位所在地卫生行政部门报告。

第二十五条　放射工作单位应当在收到职业健康检查报告的7日内，如实告知放射工作人员，并将检查结论记录在《放射工作人员证》中。

放射工作单位对职业健康检查中发现不宜继续从事放射工作的人员，应当及时调离放射工作岗位，并妥善安置；对需要复查和医学随访观察的放射工作人员，应当及时予以安排。

第二十六条　放射工作单位不得安排怀孕的妇女参与应急处理和有可能造成职业性内照射的工作。哺乳期妇女在其哺乳期间应避免接受职业性内照射。

第二十七条　放射工作单位应当为放射工作人员建立并终生保存职业健康监护档案。职业健康监护档案应包括以下内容：

（一）职业史、既往病史和职业照射接触史；

（二）历次职业健康检查结果及评价处理意见；

（三）职业性放射性疾病诊疗、医学随访观察等健康资料。

第二十八条　放射工作人员有权查阅、复印本人的职业健康监护档案。放射工作单位应当如实、无偿提供。

第二十九条　放射工作人员职业健康检查、职业性放射性疾病的诊断、鉴定、医疗救治和医学随访观察的费用，由其所在单位承担。

第三十条　职业性放射性疾病的诊断鉴定工作按照《职业病诊断与鉴定管理办法》和国家有关标准执行。

第三十一条　放射工作人员的保健津贴按照国家有关规定执行。

第三十二条　在国家统一规定的休假外，放射工作人员每年可以享受保健休假2—4周。享受寒、暑假的放射工作人员不再享受保健休假。从事放射工作满20年的在岗放射工作人员，可以由所在单位利用休假时间安排健康疗养。

第五章　监督检查

第三十三条　县级以上地方人民政府卫生行政部门应当定期对本行政区域内放射工作单位的放射工作人员职业健康管理进行监督检查。检查内容包括：

（一）有关法规和标准执行情况；

（二）放射防护措施落实情况；

（三）人员培训、职业健康检查、个人剂量监测及其档案管理情况；

（四）《放射工作人员证》持证及相关信息记录情况；

（五）放射工作人员其他职业健康权益保障情况。

第三十四条　卫生行政执法人员依法进行监督检查时，应当出示证件。被检查的单位应当予以配合，如实反映情况，提供必要的资料，不得拒绝、阻碍、隐瞒。

第三十五条　卫生行政执法人员依法检查时，应当保守被检查单位的技术秘密和业务秘密。

第三十六条　卫生行政部门接到对违反本办法行为的举报后应当及时核实、处理。

第六章　法律责任

第三十七条　放射工作单位违反本办法，有下列行为之一的，按照《职业病防治法》第六十三条处罚：

（一）未按照规定组织放射工作人员培训的；

（二）未建立个人剂量监测档案的；

（三）拒绝放射工作人员查阅、复印其个人剂量监测档案和职业健康监护档案的。

第三十八条 放射工作单位违反本办法，未按照规定组织职业健康检查、未建立职业健康监护档案或者未将检查结果如实告知劳动者的，按照《职业病防治法》第六十四条处罚。

第三十九条 放射工作单位违反本办法，未给从事放射工作的人员办理《放射工作人员证》的，由卫生行政部门责令限期改正，给予警告，并可处3万元以下的罚款。

第四十条 放射工作单位违反本办法，有下列行为之一的，按照《职业病防治法》第六十五条处罚：

（一）未按照规定进行个人剂量监测的；

（二）个人剂量监测或者职业健康检查发现异常，未采取相应措施的。

第四十一条 放射工作单位违反本办法，有下列行为之一的，按照《职业病防治法》第六十八条处罚：

（一）安排未经职业健康检查的劳动者从事放射工作的；

（二）安排未满18周岁的人员从事放射工作的；

（三）安排怀孕的妇女参加应急处理或者有可能造成内照射的工作的，或者安排哺乳期的妇女接受职业性内照射的；

（四）安排不符合职业健康标准要求的人员从事放射工作的；

（五）对因职业健康原因调离放射工作岗位的放射工作人员、疑似职业性放射性疾病的病人未做安排的。

第四十二条 技术服务机构未取得资质擅自从事个人剂量监测技术服务的，或者医疗机构未经批准擅自从事放射工作人员职业健康检查的，按照《职业病防治法》第七十二条处罚。

第四十三条 开展个人剂量监测的职业卫生技术服务机构和承担放射工作人员职业健康检查的医疗机构违反本办法，有下列行为之一的，按照《职业病防治法》第七十三条处罚：

（一）超出资质范围从事个人剂量监测技术服务的，或者超出批准范围从事放射工作人员职业健康检查的；

（二）未按《职业病防治法》和本办法规定履行法定职责的；
（三）出具虚假证明文件的。

第四十四条　卫生行政部门及其工作人员违反本办法，不履行法定职责，造成严重后果的，对直接负责的主管人员和其他直接责任人员，依法给予行政处分；情节严重，构成犯罪的，依法追究刑事责任。

第七章　附　则

第四十五条　放射工作人员职业健康检查项目及职业健康检查表由卫生部制定。

第四十六条　本办法自2007年11月1日起施行。1997年6月5日卫生部发布的《放射工作人员健康管理规定》同时废止。